죽음에도 지혜가 필요하다

노화와 질병 사이에서 품격을 지키는 법

죽음에도 지혜가 필요하다

AND FINALLY
Matters of Life and Death

헨리 마시 지음
이현주 옮김

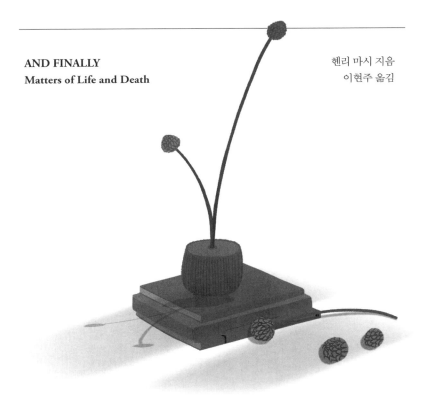

더퀘스트

프롤로그

생각하면 생각할수록 매번 새로운 감탄과 커다란 경외심으로 마음을 채우는 두 가지가 있다. 내 머리 위로 별이 빛나는 하늘과 내 안의 도덕률이다.

-칸트, 《실천이성비판》

우리는 꿈으로 이루어진 존재이며 보잘것없는 우리 인생도 결국 긴 잠으로 끝을 맺는다.

-셰익스피어, 《템페스트》

나는 40년이 넘도록 신경외과 의사로 살았다. 내가 살던 세상은 두려움과 고통, 죽음과 암으로 가득 차 있었다. 모든 의사가 그렇듯, 나도 연민과 초연함 사이에서 균형을 찾아야 했다. 균형을 찾는 것은 때때로 매우 힘든 일이었다. 하지만 병원에서 매일 목격하는 일을 직접 겪으면 어떨지 상상해본 적은 없었다. 이 책은 의사로 살아온 내가 어떻게 환자가 되었는지에 대한 이야기다.

철학을 공부했던 나는 결국 의학의 세계에 발을 들이게 되었다. 의사가 되었을 때 가장 기초적인 과학 지식만 알았을 뿐이다. 그래서인지 과학에 깊이 매료되지만 어쨌든 나는 과학자가 아니다. 신경외과 의사는 신경과학자가 아니다. 신경외과 의사가 신경과학자라고 얘기하는 것은 마치 배관공이 금속공학자라고 말하는 것과 마찬가지다.

인생의 막바지에 이르자 과거에는 당연하게 여겼거나 무시했던 질문들, 철학적이고 과학적인 질문들이 갑자기 매우 중요하게 다가왔다. 이 책은 이런 질문들에 대한 답을 꼭 찾지 못하더라도 더 잘 이해해보려는 나의 노력을 담은 이야기이기도 하다.

차례

부정, 받아들일 준비

부정, 받아들일 준비

AND FINALLY
Matters of Life and Death

내 뇌가
노화 중이다

당시에는 약간 농담처럼 느껴졌다. 내가 뇌스캔 검사를 받아야 하다니. 이렇게 될 줄 알았어야 했다. 항상 환자들이나 친구들에게 심각한 문제가 생기지 않은 이상 뇌스캔을 하지 말라고 조언했었는데. 검사 결과가 마음에 들지 않을 수 있기 때문이었다.

나는 건강한 사람들의 뇌스캔 연구에 자원한 참이었다. MRI 스캔을 통해 보일 회색 톤의 내 뇌가 궁금했다. 인생 대부분을 수술실에서 살아 있는 뇌 혹은 뇌스캔 영상을 보면서 지냈지만, 의대생 시절에 처음 뇌수술을 참관하며 느꼈던 경외감은 신경외과 의사가 되자마자 금세 사라져버렸다. 수술하는 동안에는 뇌의 물질이 어떻게 생각과 감정을 일으키는지, 이것이 얼마나 의식적이면서 또 무의식적인 것인지 심오하고 철학적인 생각에 신경을 빼앗겨선 안 된다. 수술실 밖에서 불안에 떨며 기다리고 있을 환자의 가족과 수술실 밖의 세상에 신경을 빼앗겨서도 안 된다. 이런 생각들은 늘 내 곁을 맴돌지만 수술실에서는 이런 생각과 감정으로부터 나 자신을 분리해야 한다. 내가 신경 써야 하는 것은 오직 수술, 수술을 집도하기 위해 필요한 자기 믿음이다. 수술 중에는 이 긴장감을 유지해야 한다.

내 뇌를 직접 보고 나면 숭고한 신경과학의 매력을 다시 느낄 거라 생각했지만 그건 자만이었다. 나이가 아무리 많아도 내 뇌는 노화의 징후가 거의 없는 소수에 속할 거라 착각했다. 은퇴를 했어도 여전히 내가 의사라는 생각에 빠져 있었던 탓일까. 질병은 의사가 아닌 환자에게만 일어나는 일이고, 나는 여전히 머리가 녹슬지 않았으며 완벽한 균형감각과 조정력을 갖고 있을 뿐만 아니라 기억력도 좋다고 생각했다. 매주 수 마일을 달리고 근력 운동을 하며 팔굽혀펴기도 하고 있다. 하지만 나의 뇌스캔 결과를 보자 이 모든 노력이 바다의 밀물을 막으려 애쓰는 카누트 왕처럼 느껴졌다.

뇌스캔 후 병원에서 보낸 CD를 확인하기까지 몇 달이란 시간이 걸렸다. 수많은 핑곗거리를 생각해내며 확인하기를 미뤘던 탓이다. CD 데이터를 컴퓨터에 다운로드하는 과정이 너무 복잡할 것 같아서, 해외 강연이 많아서, 워크숍을 앞두고 해야 할 일이 많아서, 손주들과 시간을 보내야 해서 등······. 돌이켜보면 단지 스캔 결과를 확인하는 게 걱정스러웠던 것이다. 그 두려움을 간신히 억누르고 이성을 되살린 다음에야 파일을 확인할 수 있었다.

파일을 다운로드하는 데는 몇 분밖에 걸리지 않았다. 환자의 스캔을 볼 때와 마찬가지로 컴퓨터 모니터에 뜬 이미지들을 한 장 한 장씩, 뇌간부터 대뇌반구까지 찬찬히 살펴보면서 크나큰 무력감과 절망감에 휩싸였다. 곧 자신의 장례식을 예감한 사람들의 이야기가 떠올랐다. 흑백 이미지를 통해 노화하고 있는 나의 뇌가 드러났다. 죽음과 파멸의 전조가 보였고 그중 어느 정도는 이미 진행 중이었다. 70년 된 나의 뇌는 쇠약해져 쪼그라들었고 닳아 있었다. 젊은 시절의 뇌는 더 이상 찾아볼 수 없었다. 백질에는 불길한 흰색 반점도 있었다. 백질과집중white-matter hyperintensities이라고 알려진 허혈성 손상의 징후였다. 꼭 불길한 두창(수포, 농포성의 피부 질환이 특징인 급성 질병-옮긴이)처럼 생겼다. 한 마디로 내 뇌는 부식되고 있었다. 내가 부식되고 있었다. 불길한 징조였다.

지금은 노안 때문에 보기 힘들어졌지만 밤하늘에 떠 있는 별들을 볼 때마다 두려움과 경외심이 들었다. 차갑고 완전한 빛을 내뿜는 별들이 얼마나 많은지, 그리고 얼마나 멀리 떨어져 있는지를 생각하면 경외심이 든다. 영원에 가까운 별의 수명은 나의 짧은 수명과 극명하게 비교된다. 뇌스캔 영상을 바라보는 지금 그때와 같은 감정을 느꼈다. 눈길을 돌리고 싶은 마음이 간절했지만 스캔 영상을 하나하나 훑어보았다. 그 이후로 다시 본 적은 없다. 다시 보기에는 너무 두렵다.

나의 뇌스캔에서 보이는 백질의 변화는 의학적 문헌에도 기록되어 있는 일종의 노화 증상이다. 백질은 신경세포인 회색질grey matter을 연결하는 수십억 개의 축삭돌기axons다. 80세가 될 때쯤이면 대부분 사람들이 이런 변화를 겪는다. 백질의 변화로 치매를 예측할 수 있는지는 불확실하지만 뇌졸중의 위험 증가와는 연관이 있다. 어차피 80세가 되면 6명 중 1명은 치매에 걸릴 위험이 있고 80세가 넘어갈수록 그 위험은 커진다. 이른바 건강한 생활 습관이 치매 위험을 어느 정도 감소시키는 것은 사실이지만(일부에선 30퍼센트라고 한다), 아무리 주의하며 산다고 해도 노화의 영향에서 벗어날 수는 없다. 운이 좋다면 이 과정을 그저 지연시킬 수 있을 뿐이다. 오래 사는 것이 꼭 좋은 일만은 아니다. 우리는 어쩌면 너무 필사적으로 오래 살고 싶어 할 필요가 없는지도 모른다.

사진 속 내 모습이 보기 싫어지는 나이가 되었다. 물론 해마다 아침에 일어나기 힘들어지고 과거보다 더 빨리 피곤해지지만, 내가 느끼는 것보다 사진 속 나는 훨씬 더 나이 들어 보인다. 내 환자들도 그랬다. 그들의 뇌스캔에서 노화의 징후를 보여주면 그들은 자신이 그렇게 늙은 것 같지 않다고 말한다. 우리는 나이가 들면서 피부에 생기는 주름은 받아들이지만 내면의 자아와 뇌에 생긴 주름은 받아들이기 힘들어한다. 방사선학 보고서에서는 이런 변화를 퇴행성이라고 부르는데 이 가혹한 형용사도 결국 노화와 관련된다.

인간의 뇌는 나이를 먹어가면서 서서히 줄어들다가 결국 뇌척수액에 동동 떠 있는 쪼글쪼글한 호두처럼 변한다. 이렇게 뇌가 손상되면서 말과 행동과 생각이 느려지고 무언가를 잘 잊게 되지만 그럼에도 인간은 자신이 변화하고 있다고 느끼지 않는다.

환자들의 뇌스캔에서 노화와 관련된 변화를 발견할 때마다 나는 대수롭지 않게 여기며 뇌의 한 부분을 제거하는 수술을 해야 한다고 설명했다. 인간은 다른 사람의 말에 영향을 쉽게 받기 때문에 의사들은 아주 신중하게 말을 골라야 한다. 환자들이 의사들의 입에서 나오는 모든 단어와 뉘앙스에 얼마나 신경을 쓰는지, 의사들은 잊어버리기 쉽다. 무의식적으로 모든 심리적 증상과 불안을 촉발시킬 수도 있는 것이다.

나는 보통 기운을 북돋아 주는 선의의 거짓말을 했다. 뇌스캔 결과와 관계없이 노화와 관련된 변화만 보이고 심각한 문제가 없다면 '환자분의 연세에 비해 뇌가 아주 좋아 보이는데요'라고 말하곤 한다. 환자들은 훨씬 나아진 기분으로 행복하게 웃으며 진료실을 떠난다. 저명한 심장전문의인 버나드 라운Bernard Lown은 환자들에게 거짓말하는 것이 얼마나 중요한지, 혹은 최소한 사실보다 훨씬 더 낙관적으로 얘기하는 것이 얼마나 중요한지에 대해 쓴 적 있다. 심부전으로 죽음의 문턱까지 간 환자들이 매우 긍정적인 태도로 몸을 회복하고 생존한 사례들을 들려주면서.

희망은 의사들이 마음껏 처방할 수 있는 가장 귀한 약이다. 생존 가능성이 5퍼센트라고 얘기하는 것은 생존 가능성이 95퍼센트라고 얘기하는 것과 거의 비슷한 효과를 발휘한다. 좋은 의사는 5퍼센트의 가능성에 상응하는 95퍼센트의 사망 확률을 부정하거나 숨기지 않고 낙관적인 5퍼센트를 강조할 것이다. 이것은 판도라의 상자다. 상자 안에 아무리 많은 공포와 병이 있다고 해도 그 안에는 언제나 희망도 함께 존재한다. 희망은 가장 마지막 순간이 되어서야 빛이 꺼진다.

희망은 통계적 확률이나 유용성의 문제가 아니다. 희망은 마음의 상태이며 우리 뇌에서 마음의 상태는 곧 신체 상태다. 그리고 우리 뇌는 신체(특히 심장)와 밀접하게 연결되어 있다. 다정하고 희망적인 태도가 암을 치료한다거나 영원히 살게 해준다는 얘기를 하려는 게 아니다. 인간의 마음은 항상 모든 사건을 하나의 이유로 설명하려 하지만, 대부분의 질병은 여러 가지 다양한 요소에 영향을 받는 산물이다. 희망의 유무도 그중 하나다.

내 서재에는 어머니에게 물려받은 16세기 독일 화가 알브레히트 뒤러Albrecht Dürer의 판화 한 점이 걸려 있다. 성 예로니모St. Jerome가 서재에 있는 장면을 그린 작품인데, 그림 속 아름다운 중세 시대의 방에는 격자 천장이 있고 작은 크라운 유리가 끼워진 커다란 창문을 통해 햇살이 비스듬히 들어온다. 성 예로니모와 항상 함께 등장하는 사자도 책상 앞 바닥에서 자고 있다. 성 예로니모가 사자의 발에 박힌 가시를 빼내어 살려주자 사자가 평생 그를 따랐다는 일화에서 비롯된 것이다. 사자 옆에는 충성심을 상징하는 개가 있다.

성 예로니모는 초기 기독교 교회의 사제다. 5세기 로마에서 부유한 과부들이 그를 열렬히 추종했는데 한 과부의 딸이 그의 금욕 생활에 영향을 받아 거식증 비슷한 증상을 보이다가 죽었고 이로 인해 그는 사람들의 비난을 감수해야 했다. 개인적으로 성 예로니모를 좋아하지는 않지만 지혜와 배움의 오라를 풍기는 뒤러의 이 그림은 무척 좋아한다. 그림 속 책상을 그대로 본떠 내 책상을 제작했을 정도다.

성 예로니모의 책상 옆에는 해골이 하나 있는데 이는 중세 철학자들의 이미지에서 자주 발견되는 상징물이다. 메멘토 모리, 자신도 언젠가 죽는다는 사실을 기억하라는 뜻이다. 나의 뇌스캔도 이와 다르지 않았다. 아무리 뇌스캔 영상을 뚫어져라 들여다보아도 내가 모르는 새로운 사실을 알려주진 않는다. 나의 뇌는 노화하고 있고 기억력은 예전만큼 좋지 않다. 더 천천히 움직이고 더 천천히 생각하게 되면서 결국 죽음을 맞이할 것이다.

마찬가지로 점점 심해지는 전립선 비대증 증상들이 노화가 아니라 암 때문일 수도 있다는 사실을 알았어야 했다. 하지만 이제껏 병은 의사들이 아닌 환자들만 걸리는 것으로 생각했다. 뇌스캔 검사를 받고 20개월 후 나는 진행성 전립선암을 진단받았다. 몇 년 동안 전형적인 증상을 겪고 점점 악화되는 것까지 느꼈지만 전문가의 도움을 받기까지는 오랜 시간이 걸렸다. 사실은 겁쟁이처럼 굴고 있었으면서 이 상황을 초연하게 받아들이고 있다고 스스로를 속였다. 암에 걸렸다는 사실을 부정하는 마음이 너무 깊어서 처음에는 진단을 믿을 수 없었다.

몇 년 동안 나는 뒤러를 생각하며 서재 선반에 두개골을 올려뒀다. 오랫동안 근무한 병원이 문을 닫고 다른 곳으로 이전했을 때 쓰레기 더미에서 발견한 두개골이다. 수술 연습용으로 쓰인 것이 분명했다. 두개관에 천두술을 위한 구멍이 여러 개 뚫려 있었고 지금은 사용하지 않는 구식 외과용 톱으로 자른 흔적도 있었다. 그것만 제외하면 귀 뒤에 있는 경유돌기(작은 바늘 모양의 뼈)도 손상되지 않고 아주 깨끗한 상태였다. 두개골을 다룰 때 부서지기 쉬운 부분이다.

암을 진단받고 나자 두개골을 보는 것이 더 이상 즐겁지 않다. 결국 전에 함께 일했던 동료에게 교육용으로 사용하도록 두개골을 넘겨주었다.

뇌를 대하는
철학과 의학의 차이

　　인간은 이미 잘 알고 있는 것들로부터 유추하여 새로운 현상을 이해한다. 뇌, 특히 의식적 행동과 무의식적 행동의 관계를 이해하기 위한 노력은 은유의 역사라고 해도 과언이 아니다.

　　물리학자들은 핵 주위로 궤도를 그리며 도는 전자를 떠올리며 원자의 구조를 일종의 축소된 행성계로 상상했다. 물리학자들의 이러한 상상은 실험을 통해 사실이 아닌 것으로 밝혀졌지만, 신경과학에서는 뇌를 이해하는 데 있어 이러한 비유조차 여태껏 찾지 못하고 있다. 낙관론자들은 언젠가 양자역학 공식만큼 강력한 공식을 발견할 것으로 확신하지만 나는 그렇게 생각하지 않는다. 신경과학자인 내 친구가 얘기한 것처럼 버터로 만든 칼로 버터를 자를 수 없기 때문이다.

17세기부터 수많은 신경과학 연구가 진행되고 있지만 우리가 뇌에 대해 알고 있는 정보는 아직까지도 현저히 제한적이다. 물론 현재 우리는 뇌의 지형도를 아주 상세하게 설명할 수 있다. 뇌의 어떤 부분이 생각, 감정, 움직임, 근본적인 전기적, 화학적 생리 작용 등에 관여하는지 안다. 나는 의대생일 때부터 매료됐던 아름다운 뇌 지도와 도해를 생각한다. 우리는 고대의 버려진 도시를 탐험하는 탐험가들이다. 도시를 건설하는 데 사용된 벽돌과 그 벽돌을 어떻게 쌓았는지 설명할 수 있다. 그러나 그곳에 살았던 사람들의 삶이 어떻게 연결되어 있는지는 알지 못한다. 물론 이것도 정확함과는 거리가 먼 하나의 비유일 뿐이다.

옛날 해부학자들은 기저핵에 있는 편도체amygdala의 이름을 지을 때, 편도(아몬드의 한자명) 즉 아몬드amond 모양을 떠올리며 명명했다. 이외에도 뇌줄기의 한 부분을 올리브olive라고 하는 것처럼 뇌의 부위를 과일이나 견과류의 명칭을 따서 이름 짓곤 했다. 기원전 4세기에 히포크라테스가 인간의 생각과 감정의 중심에 뇌를 두기도 했지만, 대부분 초기 의학계는 뇌를 중요하게 여기지 않았다. 아리스토텔레스는 뇌가 피를 식히는 냉각장치라고 생각했다. 500년 후 갈레노스는 뇌에서 중요한 부분은 뇌의 조직이 아니라 체액을 위한 공간 즉 뇌실이라고 여겼다. 초기 의학계는 네 가지 체액인 흑담즙, 황담즙, 혈액, 점액을 바탕으로 신체와 뇌를 설명했다. 의사들이 환자 신체에서 일어나는 많은 일들을 유추할 수 있는 유일한 단서가 체액 분비물이었기 때문이다.

과학이 발달하면서 17세기부터는 현대적 관점으로 뇌를 이해하기 시작했다. 데카르트는 뇌와 신경을 수력학(액체, 특히 물의 역학적 성질을 연구하는 학문)으로 설명했다. 수력학은 아르키메데스를 비롯하여 고대부터 광범위하게 연구되어왔기 때문에 새로운 개념이 아니었다. 19세기에 와서는 뇌가 증기 기관과 수동 전화 교환에 빗대어 설명되었지만, 프로이트의 정신분석 이론은 여전히 뇌를 수력학 용어로 표현했고 그 때문에 이드id와 자아ego조차 마치 수세식 변기의 구성요소처럼 다뤄졌다. 현대에 들어서 뇌는 컴퓨터에 비유되고 있다.

뇌를 이해하기 위한 은유는 여전히 부족할지도 모른다. 아침에 침대에서 일어나는 게 힘들 때—은퇴한 후 생긴 문제지만 방사선 치료와 호르몬 요법을 시작한 후로 더 심해졌다—나는 뇌와 바다를 연결지어 생각하곤 한다. 무의식적인 자아는 거대하고 깊은 바다이며 의식적인 자아는 거대하고 깊은 바다를 항해하는 작은 배 혹은 물 위로 올라오는 잠수함에 가깝다. 내 스스로 배를 조종한다고 착각하지만 실제 배의 항로는 바람과 해류에 의해 결정되는 것처럼 의식과 무의식을 생각해보는 것이다.

그러나 의식적인 자아와 무의식적인 자아는 일종의 같은 현상이기 때문에 이것은 잘못된 은유다. 잠수함은 바다와 분리된 것이 아니라 바다의 일부다. 의식적인 자아와 무의식적 자아는 같은 물질—860억 개의 신경세포의 전기화학 활동—로 이루어져 있다. 나는 의식적이자 무의식적인 자아다. 그 둘은 분리된 존재가 아니다.

심리학자와 철학자들은 자아의 감각을 환상이라고 말하길 좋아한다. 나도 옥스퍼드대학교에서 잠시 철학을 공부한 끝에 결국 실용적인 의학의 세계로 넘어갔지만 적어도 1년 동안 철학을 공부하면서 '모든 것은 당신이 의미하는 바에 달려 있다'라는 말의 중요성을 배웠다. '자아self'라는 단어는 정의하기 쉽지 않지만 '착각illusion'이라는 단어는 단순히 보이는 것과는 다른 무언가를 의미한다. 나는 자아의 의미에 대해 어렵고 복잡하게 얘기하고 싶지 않지만 점점 뇌가 줄어들면서 내가 무엇을 잃어가는지 모른다는 사실은 잘 안다. 현실이 그런데 지금의 나와 과거의 나를 대체 어떻게 비교할 수 있단 말인가?

뇌스캔을 찍기 위해 기계에 누웠을 때 검사 결과가 어떻게 나올지에 대해서 걱정하지 않았다. 그것보다는 얼굴에 플라스틱 가리개를 쓰고 귀에 헤드폰을 쓴 채로 한 시간 동안 가만히 있을 수 있을지가 더 걱정스러웠다. 막상 해보니 힘들지 않았다. 나는 기계가 작동하며 내는 생소한 소리에 매료되어 가수면 상태에 빠졌다.

MRI 스캔은 양자역학quantum mechanics을 기반으로 한다. 내가 양자역학에 대해 아는 것은 보통의 우리로선 양자역학을 이해할 수 없다는 사실 뿐이다. 적어도 일상생활에 관련해서는 말이다. 미시적인 양자의 세계에서는 물질의 입자들이 실제 세계에서 불가능한 방식으로 움직인다. 그들은 파동인 동시에 입자가 될 수 있다. 양자 입자는 가시적 장벽을 뚫을 수 있으며 동시에 두 장소에 나타날 수도 있다. 벽을 뚫고 지나가거나 두 장소에서 동시에 존재할 수 없는 우리로서는 이해할 수 없지만 양자의 세계에서는 어쨌든 가능한 일이다.

MRI 스캐너는 엄청난 자기장을 만들어 인체 수분 속 수소 원자에 있는 양성자가 본래 제각각 다른 방향으로 스핀하던 것을 한 방향으로 스핀하도록 정렬시킨다. 이렇게 한 방향으로 정렬된 양성자에 MRI 스캐너는 고주파 방사선을 쏘고 이

고주파 방사선의 충격을 받은 양성자는 정렬에서 벗어난다. 방사선이 멈추면 여러 충격을 받아 흥분되었던 양성자가 이완되면서 방사선을 내뿜으며 에너지를 방출한다. 이를 통해 스캔 영상을 얻는 것이 MRI의 원리다.

기관총처럼 짧고 날카로운 폭발 소리와 탁탁하는 소리, 덜커덩하는 소리가 들렸다. 천둥이 치는 듯한 소리가 들렸다가 낮은 윙윙거리는 소리가 들리기도 했는데 전혀 예측할 수 없는 리듬으로 반복되었다. 노화 중인 나의 뇌가 자기화되고 방사선을 쬐고 있는 것일 테지만 정작 나는 아무것도 느끼지 못했다.

큰 수를 시각화하기는 매우 힘들다. 아마존에 사는 피라항 부족은 셋이 넘어가는 숫자는 세지 않는다. 셋이 넘어가면 '많다'라는 단어로 표현하는 피라항 부족에게 간단한 산수 문제를 내면 아마 푸는 데 어려움을 겪겠지만 그건 전혀 문제될 게 없다. 인류학자이자 언어학자인 대니얼 에버렛Daniel Everett에 따르면 피라항 부족은 미래를 크게 걱정하지 않는다. 서구적인 삶이 만들어낸 스트레스에서 자유로운 그들에게 셋이 넘는 숫자는 필요하지 않다.

16세기 유럽에서 현미경과 망원경의 발명으로 엄청난 수의 개념이 등장하는 완전히 새로운 세상이 시작되었다. 인간의 육안으로는 밤하늘에 떠 있는 별 중 극히 일부분만 볼 수 있다. 난자를 제외하고 인간을 구성하는 세포나 박테리아와 바이러스도 육안으로는 전혀 볼 수 없다. 여전히 아주 제한적이긴 하지만 인간이 뇌에 대해 더 알 수 있게 된 것은 새로운 기술, 전기의 발견, 현미경 검사법, 뇌스캔 덕분이다.

인간은 하나의 세포로 삶을 시작하지만, 삶을 마감할 땐 30조 개의 세포, 장과 피부에는 그보다 더 많은 수의 박테리아를 가진 생명체가 된다. 심장은 평균적으로 40억 회 뛴다(쥐의 심장은 1분에 500회 정도, 갈라파고스 거북은 1분에 4회 정도 뛴다). 지구의 나이는 45억 년, 우주의 나이는 140억 년이다. 지구에는 약 80억 명의 사람들이 살고 있다.

가끔 나라는 존재는 곧 860억 개의 신경세포라는 사실이 낯설게 다가올 때가 있다. 신경세포들을 시냅스라고 부르는 접합 부위에서 연결하는 배선은 최소 50만 km인데, 이는 지구와 달의 거리보다 더 길다. 대뇌 피질(대뇌의 표면) 1mm³에는 10만 개의 신경세포와 10억 개의 시냅스가 있다. 성인의 뇌에는 약 125조 개의 시냅스가 있는 것으로 추정한다.

나는 이렇게 큰 숫자가 너무 현실성 없게 느껴지면서 머리로 이해하는 데 어려움을 겪었다. 지구와 달의 거리는 그저 은유일 뿐이다. 커다란 숫자를 시각화하는 데 여러 은유를 사용하지만 이런 시도는 큰 의미가 없다. 상상할 수 없는 큰 숫자에 직면하면 무력해지기 때문이다. 내가 뇌스캔 검사 결과를 볼 때처럼.

신경세포(뉴런neuron)는 입력/출력 장치로 설명될 수 있다. 신경세포의 구조는 아주 다양할 수 있지만 공통적으로 모두 축삭돌기axon, 세포체cell body, 수상돌기dentrites를 갖고 있다. 신호를 받는 부분인 수상돌기는 세포체 근처에서 자라고 시냅스가 많은 나뭇가지 모양의 돌기다. 신호를 보내는 부분인 축삭돌기는 세포체에서 뻗어 나온 한 가닥의 긴 돌기이며 시냅스에 있는 다른 신경세포들의 수상돌기, 뇌 외부의 신체 기관과 근육에 연결되어 있다. 축삭돌기의 길이는 다리 근육을 조절하는 신경의 경우 몇 미터에 이르며 뇌에 있는 경우엔 1/1000mm일 정도로 다양하다.

860억 개의 신경세포는 시냅스에 있는 수만 개의 다른 신경세포와 연결될 수 있다. 전기 자극은 축삭돌기를 타고 내려가며 수상돌기를 통해 신경세포로 연결된다. 이러한 자극은 신경세포가 자신의 축삭돌기를 통해 다른 신경세포 쪽으로 자극을 전달하는 것을 촉진하거나 막을 수 있다. 신경세포가 자극을 전달할지 말지는 수상돌기가 다른 신경세포로부터 받는 수많은 메시지에 달려 있다.

여기서 문제가 훨씬 더 복잡해진다. 신경세포는 단순히 켰다 끄는 스위치가 아니라 신호를 전달하는 속도도 다양하고 축삭돌기로 짧은 자극 혹은 긴 자극을 보낼 수도 있다. 신경세포의 발화 패턴이 원칙적으로 모스 부호와 비슷하다고 가정하고 싶지만 정말 그런 것인지는 알 수 없다. 아직 뇌에 대해 밝혀진 게 적은 현재로서 뇌의 산출 능력은 증거가 아닌 믿음의 문제에 가깝다. 아마도 이것이 뇌를 컴퓨터에 비유할 수 있는지 없는지에 대한 논쟁이 뜨거운 이유일 것이다.

최근 한 연구에 따르면, 125조 개의 시냅스는 그들이 받는 전기 자극에 완전히 통제되는 단순한 스위치가 아니라 어느 정도의 독립성을 가지고 있다. 수상돌기와 축삭돌기의 연결도 직접적인 전기 접합이 아니다. 시냅스의 축삭돌기 부분은 수상돌기 부분에 영향을 주고 받아들이는 세포의 전기적 상태를 바꿔 신경 자극을 전달하게 하는 화학물질—신경전달물질neurotransmitters—을 방출한다. 내가 의대생이었던 1970년대에는 신경전달물질로 노르아드레날린과 아세틸콜린밖에 밝혀진 게 없었지만, 지금은 적어도 100가지가 넘는 신경전달물질이 알려져 있다.

그리고 신경세포 주위에는 적어도 850억 개의 아교 세포glial cells가 더 있다. 과거에 염색체에 있는 많은 DNA를 중요하지 않게 여겼던 것처럼 이들을 폴리스티렌 포장지에 지나지 않은 것으로 여기던 때가 있었다. 하지만 이후에 두 가지 모두 잘못된 가정이라는 사실이 밝혀졌다.

이렇게 엄청나게 복잡하고 놀라운 방식으로 순환하는 신경세포가 서로 자극하고 억제하면서 외부 세계와 뇌가 속한 신체에 반응하며 생각과 느낌, 색과 소리, 고통과 즐거움 등 모든 것이 생겨난다. 나 자신이 되는 느낌, 뇌스캔 결과를 보면서 느낀 절망감 등이 일어나는 것이다. 같은 물리적 과정을 통해 어떻게 이렇게 다양한 경험이 발생하는지 아직은 설명할 수 없다.

지금 나의 뇌는 쪼그라들고 있다. 이런 현상이 백질의 손상으로 인한 것인지, 회색질을 형성하는 실제 신경세포들의 죽음으로 인한 것인지는 알려지지 않았다. 하지만 정신 능력이 단지 뇌에 있는 시냅스와 세포 숫자에 달려 있다고 생각하는 것은 큰 실수다. 18개월이 된 아기는 성인보다 많은 시냅스를 갖고 있다. 그 이후의 발달은 새로운 시냅스를 만들어내면서도 이루어지지만 '시냅스 가지치기synaptic pruning'라고 불리는 시냅스 제거 과정을 통해서도 일어난다. 뇌는 사용하지 않는 연결을 잘라내고 경험을 축적하면서 형태가 만들어진다. 모든 문화권의 2세 미만 어린이는 모든 언어의 기본적인 소리를 구별할 수 있지만, 2세가 지나면 모국어의 음소만 인식할 수 있게 된다. 이처럼 어린 시절의 초기 경험—특히 결핍—이 앞으로의 삶에 아주 큰 영향을 미친다.

어쩌면 나는 뇌스캔 검사 결과를 지나치게 부정적으로 해석하고 있는지도 모른다. 정신 능력은 단지 뇌의 크기와 시냅스 수의 문제가 아니라는 의견에서 위안을 찾아야 할지도 모른다.

손녀들이 활기 넘치게 소리치고 뛰어다니며 노는 모습을 볼 때면 기분이 좋으면서 아이들의 학습 능력이 비범하고 놀랍다는 사실이 떠오른다. 은퇴한 수학 교사인 친구에게 받는 수학 과외 수업을 따라가기 힘들 때는 아이들의 뛰어난 학습 능력이 특히 더 부럽다.

팬데믹을
버틴 자의 기억

사춘기가 시작되고 테스토스테론이 증가하면서 자기 인식과 자의식이 커지던 열두 살 때부터 매일 일기를 쓰기 시작했다. 하지만 스물두 살 때 그 일기가 너무 창피해서 다 버렸는데 지금은 너무도 후회한다. 일기가 남아 있었다면 미숙한 아이였던 과거의 나를 이해하는 데 도움이 되었을 것이다. 대체로 과거의 기억은 몇 가지 사실을 토대로 자기에게 유리한 방식으로 기억되기 때문에 일기로써 내 삶에 객관성을 부여할 수 있다. 요즘도 거의 매일 일기를 쓰고 있지만—거의 의무적인 일이 되었다—다시 읽어보는 경우는 거의 없다. 하지만 코로나로 팬데믹이 시작될 때 내가 무슨 생각을 하고 있었는지 찾아보기 위해 당시에 쓴 일기를 참고했다.

몇 주 전부터 중국 우한에서 일어나고 있는 일에 대해 듣긴 했지만, 영국에 락다운lockdown이 실행되기 딱 한 달 전인 2월 23일 전까지는 일기에 코로나바이러스를 언급한 적 없었다. 당시에 막연히 우한을 작은 마을 정도로 생각했지만 실제로는 1100만 인구가 사는 큰 도시였다. 하지만 우한은 멀리 떨어져 있었고 우리와 관계없는 곳이라 생각했다. 나는 일기에 코로나바이러스가 퍼지고 있는 것 같다고 썼고 크론병 때문에 면역억제제를 먹고 있는 아내 케이트에게 심각한 위험이 될 수 있다고 생각했다. 그럼에도 불구하고 딱히 코로나바이러스 때문에 불안감을 느끼진 않았던 것 같다. 며칠 동안 일기에 코로나바이러스에 대해 언급하지 않았고, 날씨에 대한 내용(비가 지속해서 내렸다)이나 몇 년 전에 산 옥스퍼드의 낡은 오두막집 개조에 대한 내용(아주 천천히 진행 중이었다), 규칙적으로 하는 운동에 대한 내용(고통스럽고 싫증 나지만 가끔 아주 신나기도 했다)이 기록되어 있었다.

나흘 후 일기에서는 세상이 온통 코로나바이러스에 대한 뉴스로 가득하고 아내가 감염되면 죽을지도 모른다는 걱정을 언급했다. 하지만 여전히 이 바이러스가 심각하게 위협적인지 확실하지 않다고 덧붙이기도 했다. 당시 일기를 살펴보면 옥스퍼드에 있는 오두막의 바닥장선이 내 책장의 무게를 견딜 수 있을지를 더 걱정했던 것 같다.

약간의 망설임은 있었지만, 1년 안에 런던에 있는 집을 팔고 케이트가 살던 옥스퍼드로 이사할 계획이었다. 런던 집의 물건들도 보관하고 개인 작업실로 쓸 겸 작은 오두막을 하나 구입한 참이었다. 나는 런던에 있는 내 집이 좋다. 참나무로 마루를 깔고, 화려한 문 상부의 장식을 만들고, 다락방을 개조하고 거의 모든 방에 책장을 만들면서 집을 고치는 데 20년을 쏟았다. 정원도 있었다. 자유로운 작은 낙원 같은 이 정원에서 벌을 키웠고 목공 작업실도 두었다. 물론 서툰 내 손길 때문에 웬만한 곳들은 전문가의 도움을 받아 다시 손을 봐야 했지만. 그러다보면 한 가지 생각이 마음을 어지럽혔다. 애초에 이렇게 정신없이 바쁘게 집을 고치고 많은 물건을 수집하게 된 궁극적인 이유는 무엇일까?

2월 말, 나는 코로나바이러스가 명백한 팬데믹이 될 것이라고 언급했고 케이트가 걱정된다고 일기에 썼다. 잠들기 전 팬데믹에 대한 종말론적인 생각이 머릿속에 가득했다. 유명한 의사인 지인은 바이러스에 감염되어 건강에 큰 타격을 받았다. 이후 그녀는 우편물을 열 때마다 장갑을 착용하라고 나에게 일렀다. 초췌한 모습으로 BBC 뉴스에 출연하여 바이러스에 감염된 후 얼마나 아픈지 얘기하는 그녀를 보고 사실 화가 났다. 공포감을 조성하고 과민 반응을 보인다고 생각했기 때문이다. 지금 생각해보면 부끄럽게도 이 상황을 부정하고 있던 게 명백하다. 나는 앞으로 다가올 큰 변화를 힘겹게 받아들이고 있었다. 불확실한 상황에 직면할 때 우리는 모두 극심한 공포와 묵살 사이에서 극심하게 동요한다. 암에 걸렸다는 사실을 알게 되었을 때도 마찬가지였다.

그 후 코로나는 삶을 점령하기 시작했다. 3월 23일 영국에서 마침내 락다운이 시행되었을 때 일종의 흥분감이 맴돌았다. 갑자기 거리에 차가 사라지고 하늘에는 비행기가 사라져 조용해졌으며 물건들이 가득했던 상점 선반도 순식간에 텅 비었다. 먹을거리를 찾기 어려워졌을 뿐만 아니라 쇼핑은 바이러스에 감염될지도 모르는 위험을 무릅쓰는 일종의 모험이 되었다. 뉴스에서는 특히 노인층의 사망률이 높아지고 있다고 보도했는데 나도 그 위험군에 속한다는 사실을 받아들여야만 했다. 외출할 때마다 장갑을 꼈고 외부에서 구입한 모든 물건을 희석한 표백제로 소독했다.

정부가 최근에 은퇴한 의사들에게 현장으로 복귀하기를 요청했을 때 나는 영웅심이 발동하여 망설이지 않고 자원했다. 하지만 병원으로 복귀하기 위해 사무 절차를 밟으면서 갑자기 불안감이 엄습했다. 병원에서 근무하는 많은 의료진이 바이러스에 감염되고 있었고 사망에 이르는 경우도 있었다. 위선적이고 비겁할 수 있지만 결국 나는 내 나이에 코로나 병동에서 일하는 것은 무리인 것 같다고 말했다. 노년의 신경외과 전문의가 얼마나 유용할지는 나에게도 NHS에도 불확실했다.

그동안 케이트는 병에 걸려 만성 기침과 열에 시달렸다. 당시에 나는 런던에 살고 그녀는 옥스퍼드에 살고 있었는데 무서운 바이러스에 감염된 것 같았다. 정부가 팬데믹에 대해 갈피를 못 잡고 대응을 지체하면서 케이트는 검사조차 받을 수 없었고 혹시 나도 감염될지 모르는 가능성 때문에 나는 런던에 머물기로 결정했다. 그 후 며칠 동안 아내를 향한 사랑과 그녀가 죽을지도 모른다는 두려움으로 힘겨운 시간을 보냈다. 괜한 두려움이 아니었다. 16년 전 우리가 결혼할 즈음 케이트는 독감에 걸렸다가 심각한 폐렴으로 발전된 적이 있었기 때문이다. 케이트는 병원을 싫어해서 후배들을 통해 받은 항생제를 먹으며 집에서 치료했었다.

아내가 코로나바이러스로 세상을 떠날지도 모른다는 여러 가지 시나리오를 머릿속에 떠올렸다. 동시에 아내와 함께 행복했던 20년을 생각하니 더 고통스러웠다. 정신과 의사들은 이를 파국화catastrophizing(부정적 사건을 과장하여 최악의 경우를 상상하는 인지왜곡현상)라고 할 수도 있고 어쩌면 내가 과장하는 것일 수도 있지만, 최악의 경우를 생각하고 나면 오히려 문제를 한쪽으로 제쳐두고 일이 일어날 때까지 기다리는 것이 수월해졌다. 아내와 하루에 여러 차례 전화를 했는데, 기침이 끊이지 않아 목이 쉰 케이트는 전화를 할 때마다 곧 회복할 거라고 말하며 나를 안심시켰다. 다행히 몇 주가 지나자 정말 서서히 회복했다.

락다운은 완전히 새로운 경험이었다. 하지만 국가 간 사망자를 마치 올림픽에서 경쟁하듯 보도하는 언론과 케이트가 많이 아팠던 탓에 처음에는 신경 쓸 겨를이 없었다. 나 역시 병에 걸릴까 봐 두려웠다. 마른기침과 발열이 코로나 감염 증상이라는 사실이 밝혀지면서, 락다운이 시작되기 몇 주 전에 내가 이미 바이러스에 감염되었을 수도 있겠다는 생각이 들었다.

2월 초 나는 우크라이나 이바노프란키우스크에 있는—수년 동안 우크라이나에서 무료 봉사를 하고 있다—의과대학에서 강의를 했고 귀국 직후, 한 번도 경험해본 적 없는 극심한 복통과 오한을 겪었다. 잠자리에 들며 체온을 쟀는데 다행히 정상이었다. 며칠 후 나는 50년 만에 처음으로 갑자기 코피를 쏟았다. 당황했지만 심각하게 여기지는 않았다.

하지만 케이트가 보편적인 코로나 감염 증상을 보이다가 코피를 흘리자 몇 달 전에 내가 겪은 증상이 떠올랐다. 인터넷에서 코로나에 감염되었을 때 드물게 복통을 겪기도 한다는 의학 논문을 찾았다. 그때 바이러스에 감염되었다면 지금은 코로나바이러스에 대한 면역항체를 갖고 있을 것으로 판단했다. 그저 희망 사항일 수도 있지만 그냥 이렇게 믿기로 선택했고 그렇게 생각하니 크게 안심이 되었다.

락다운은 완연한 봄과 동시에 시작되었다. 오랫동안 맑고 따뜻한 날이 이어졌고 뒤뜰에 있는 나무엔 꽃이 폈고 겨우내 앙상하던 나뭇가지에도 며칠 만에 푸릇푸릇한 잎이 무성히 자랐다. 벌들은 기다렸다는 듯 벌집에서 나와 햇빛을 향해 쏜살같이 날아올랐다. 락다운은 완전한 평화와 고요를 가져왔다. 공기는 마치 시골처럼 신선했고 하늘은 맑고 푸르렀다. 새들이 지저귀는 소리와 아이들이 뛰어노는 소리, 바람에 흔들리는 나뭇잎 소리밖에 들리지 않았다. 락다운이 시작되었을 때 밤하늘에 뜬 보름달이 갑자기 고요해진 도시를 다정하게 내려다보는 것 같았고 별도 보였다. 마치 천국의 풍경이 펼쳐진 것 같던 이곳 런던의 SW19 지역에는 시간이 멈춘 것 같았다.

영원은 시간이 무한히 연장되는 것이 아니라 소멸되는 것이다(우주학자들은 시간을 정말로 멈출 수 있다고 얘기한다. 블랙홀의 외연에서 일어나는 일이겠지만 말이다). 저녁이 되면 정원에 앉아 작업실 너머에 있는 작은 공원의 높은 나무들을 올려다보곤 했는데, 끝없이 펼쳐진 창창한 하늘을 가득 물들인 석양에 한동안 넋을 잃고 시선을 빼았겼다.

하지만 동시에 가슴 아픈 상실감에 빠지기도 했다. 삶은 완전히 멈추었다. 그래서인지 쉴 새 없이 움직이던 현재를 멈추게 하고 마침내 과거와 미래를 또렷하게 바라볼 수 있었다. 엄청난 시간과 에너지를 쏟은 내 집은 굉장히 아름답지만 슬픈 장소가 되었다. 한동안 노년과 쇠약, 죽음으로 향하는 첫 단계로서 이 집을 떠나는 것 외에는 선택지가 없어 보였다. 고요함과 맑은 공기, 다시 들리는 새의 지저귐은 수많은 차들과 공해, 기후 변화로 우리가 무엇을 잃었는지 상기시켰고, 이상할 정도로 좋은 날씨는 지금 자연이 조화를 이루지 못하고 있으며 지금보다 훨씬 더 상황이 심각해질 수 있다는 걸 알려주었다.

바람에 흔들리는 나무를 보면서, 락다운을 겪고 있는 다른 사람들과 비교했을 때 내 손으로 지은 집과 정원, 작업실이 있고 연금과 건강한 신체를 가진 내가 얼마나 운이 좋은지 깨달았다. 이 상황이 조만간 영원히 바뀔 것이라는 사실을 상상조차 못했다. 나는 우크라이나에서 동료들과 함께 일하느라 머물렀던 삭막한 키이우의 트로이쉬치나를 생각했다. 나무 하나 없는 그곳에서 사는 건 어떤 기분일까.

나는
좋은 의사였을까

평범하고 긴 글에서 군데군데 대문자가 눈에 띄는 것처럼, 은퇴 후에 불현듯 예전 환자들에 대한 기억이 떠오를 때가 있다. 정원에서 나무를 바라보던 어느 날, 갑자기 뇌종양을 앓던 에콰도르 남성이 생각났다. 열대우림에서 근무하는 식물학자였는데, 여동생이 런던에 살고 있던 덕분에 내가 근무하는 병원을 찾게 된 것 같았다. 그는 다시 업무에 복귀했고, 얼마 안 있어 열대우림에서 찍은 몇 장의 사진과 함께 자신이 이 일에 얼마나 애정이 많은지 편지에 써서 보냈었다. 그의 편지를 읽고 큰 감동을 받았던 기억이 난다. 그 편지를 보관해두었으면 좋았을 텐데. 그는 몇 년 후 세상을 떠났다. 그가 세상을 떠나기 전 그의 여동생이 나에게 도움을 요청하는 편지를 절박하게 썼지만, 도울 수 있는 일이 없었다. 당시 느꼈던 무기력함을 마음 아플 정도로 또렷이 기억한다.

전립선암에 걸려 환자가 되고 나니 완전히 잊고 지냈던 수많은 환자들—무려 30년 전에 진료했던 환자들까지—을 여전히 기억하고 있다는 사실에 깜짝 놀랐다. 불안과 불행, 고립감을 느끼게 되자 비로소 내 환자들도 그동안 얼마나 불안하고 불행했을지 알게 되었고, 내가 얼마나 그들의 마음을 모른 척하려고 했었는지 깨달았다. 마치 과거의 환자들이 유령이 되어 나를 벌주러 온 것 같았다. 그들은 내 일상 어디에나 숨어 있었다.

다시 처음부터 시작할 수 있다면 훨씬 더 좋은 의사가 될 수 있을 것이라는 생각을 한다. 젊은 시절 부족했던 연민과 이해심을 가득 채운 의사가 될 수 있을 것 같았다. 하지만 내가 연민과 이해심이 가득한 사람이었다면 과연 수술실에 들어가 장갑을 끼고 환자의 머리를 열 수 있었을까? 그건 알 수 없다. 손가락에 관절염이 생긴 지금으로서는 어쨌거나 의미 없는 생각이다.

의사로서 환자가 느끼는 감정을 그대로 느낄 정도로 감정이입이 잘 된다면 맡은 일을 제대로 해낼 수 없을 것이다. 공감은 운동처럼 힘든 일이기 때문에 그것을 회피하려는 것이 자연스럽고 일반적이다. 하지만 그 과정에서 인간애를 잃어서는 안 되기에 절제된 형태의 연민이 필요하다. 의사로 일할 때는 제대로 실천하고 있다고 생각했지만 지금 환자가 된 상황에서 되돌아보니 그런 것 같지도 않다.

의사로서 무심한 태도보다 훨씬 심각한 죄는 현재 상황에 안주하는 것이다. 환자들에게 무심한 의사라도 최소한 맡은 일을 잘 해낼 수 있다. 하지만 현실에 안주하면 경과가 나빠도 더 나아지기 위해 노력하지 않기 때문에 환자가 고통을 받을 수밖에 없다. 병원에서 여러 회의에 참석해보면 지금 상태에 안주하는 집단 사고가 얼마나 쉽게 일어나는지 놀라울 정도다. 문제를 제기하거나 까탈스러운 동료가 되고 싶어 하지 않고 실수와 나쁜 결과는 빨리 감추려 한다. 회의의 본래 목적과 정반대의 결과다.

나는 은퇴 후에도 조언자의 역할로 전 부서에서 열리는 회의에 계속 참여했다. 유난히 힘든 때도 있었다. 불길한 징조를 보이는 환자가 곧 나 자신이었을 때였다. 벽에 투사된 환자들의 스캔 결과를 잇달아 보아야 했는데 다수는 암에 걸린 환자였다. 병에 걸렸거나 부상을 입은 뇌와 척추 영상을 보면서 수련의들이 각 정밀 검사에 담긴 인간의 비극을 더듬거리며 발표하고, 회의에 참석한 교수들은 무관심한 얼굴로 가만히 듣고 있는 모습을 보니 몸이 두 동강 나는 기분이었다.

공감과 연민에서 멀어지는 가장 간단한 방법은 모든 생명체를 '우리와 그들'로 나누는 것이다. 연구에 따르면, 인간은 태어난 지 몇 개월 만에 이렇게 사람들을 나누기 시작한다. 의대생 시절, 몇몇 환자를 실제 데려와서 공개 수업을 한 적이 있었는데 마음이 불편했던 기억이 난다. 학생들은 계단형 강의실에 층층이 앉아서 한 명씩 들어오는 환자들을 내려다보았다. 발표자는 유명한 신경 전문 병원의 신경과 전문의였다. 그는 환자들의 징후를 보여주는 것을 무척 좋아하는 것 같았다. 수술이 불가능한 척추 종양 환자인 젊은 남성이 들어왔고 교수는 이 남성에게 상의를 벗어달라고 요청하며 '그는 건장한 젊은 군인이었죠'라고 열정적으로 말했다. 그의 근육은 놀라울 정도로 약해져 있었고 교수는 요란하게 반사 망치를 들어―의학 용어를 사용하며―빠른 반사 반응을 끌어냈다.

신경과 전문의들은 환자들의 징후를 보여줄 때 쇼맨십을 중요히 여겼다. 뇌 스캐너가 발명되고 그들이 틀렸다는 사실을 증명하기 전까지 그들은 마술사가 모자에서 토끼를 꺼내듯이 간단히 진단을 내리곤 했다. 이런 공개 수업이 유난히 괴로웠던 것은 어쩌면 환자들이 병원도 아닌 한낱 강의실에서 굳이

옷을 벗고 자신의 병약한 몸을 드러내도록 요청받았다는 사실 때문인 것 같다. 물론 병원이라는 공간에서는 일단 환자들의 인간다움을 잃게 만드는데, 이렇게 할 때 의사가 감정에 좌우되지 않고 냉정하게 환자들을 바라볼 수 있기 때문이다.

물론 이는 거의 50년 전 일이고 지금은 훨씬 상황이 나아졌다. 나는 수년 동안 왕립의과대학에서 FRCS 시험 심사원으로 활동했는데, 이 시험에는 환자와 면담하는 것도 포함되어 있었다. 예전 의사들은 환자를 정중하게 대하기 위해 최선을 다했다. 당시 많은 환자들이 긴장한 수험생의 모습을 한 의대생들을 지켜보며 꽤나 즐거워했던 것 같다. 보통 병원에서는 환자들이 긴장하게 되므로 역할이 바뀐 상황이 싫지 않았을 것이다.

정확히 언제인지는 기억나지 않지만 암을 진단받고 얼마되지 않았을 때 아주 선명하고 강렬한 꿈을 꾸었다. 어린 시절 집에서 기르던 개가 나오는 꿈이었다. 매우 예뻐하던 개였지만 괴롭힌 적도 있었는데 그 개가 경직된 걸음으로 나에게 다가왔다. 나이가 들어 털이 희끗희끗했고 관절염에 걸린 모습이었다. 머릿속으로 혼자 생각했던 것인지 혼잣말을 한 것인지 정확히 기억나지 않지만 나는 개의 머리를 쓰다듬으며 이렇게 말했다.

"너도 함께 나이가 들어가고 있구나. 자, 정원으로 나가봐. 나가서 볼일 보고 오렴. 이제 우리도 똑같이 죽음에 가까워지고 있구나."

그 꿈으로 사랑과 화해의 강렬한 감정을 느꼈다. 불안하고 불행한 마음으로 잠이 들었지만 꿈에서 깰 때는 행복하고 평화로웠다. 그날 아침 8킬로미터를 달렸다. 몇 달 만에 처음으로 즐겁게 달린 날이었다.

예전 환자들에 대한 기억이 갈수록 덜 떠올랐는데 그것이 어쩌면 그 꿈 때문인지도 모르겠다. 머릿속에 예전 환자들의 기억이 떠오를 때 그들을 소홀히 대했다는 사실을 인정함으로써 내가 구원받길 바라는 마음이 있었던 것인지 궁금해진다. 일종의 참회이자 마법, 동화 같은 이야기처럼 들리겠지만.

잠에 대한
뇌과학적 고찰

        은퇴한 후에도 나는 코로나19가 전 세계를 뒤덮을 때까지 네팔과 우크라이나를 중심으로 해외에서 계속 일을 했다. 네팔에서는 동료이자 친구인 데브가 운영하는 병원에서 몇 주 근무하면서 아들 윌리엄과 히말라야산맥을 오르기도 했다.

        2019년 12월, 마지막 트레킹에서 우리는 해발 4,300미터에 있는 고사인쿤다Gosainkunda 호수까지 가는 오르막길 2,000미터를 이틀 만에 굉장히 빨리 올라갔다. 그래서인지 우리는 굳이 고산병을 예방하는 아세타졸아마이드acetazolamide를 복용할 생각도 하지 않았다.

고사인쿤다는 히말라야산맥 위에 위치한 다소 황량한 호수인데 인도 신화에서 중요한 역할을 하는 순례지다. 독을 목에 머금고 있어서(삼계를 보호하기 위해 스스로 삼켰다고 알려졌다) 피부가 파래진 시바신은 물을 구하기 위해 삼지창을 땅에 내려쳐서 트리슐리강을 창조했다(티베트의 북쪽에서 발원하는 강이다). 이 강에서 목욕을 하면 죄가 씻겨나간다고 알려졌지만 나는 너무 추워서 시도하지 않았다. 호수는 낮은 산들로 둘러싸여 있었다. 아직 눈은 내리지 않았고 산자나무―모든 질병을 낫게 하고 면역 체계의 균형을 맞춰준다고 알려진 작고 쓴맛이 나는 열매를 맺는 짧은 관목―가 가득한 산은 적갈색을 띠고 있었다. 푸르고도 하얀빛이 눈부신 빙하 호수는 화강암 바위 위로 세게 흐르며 네팔을 가로질러 남쪽으로 향했다.

이전에 네팔을 방문하여 데브와 외진 곳에 있는 병원들을 방문할 때 우리는 인도 국경 근처에 있는 작은 리조트에 여장을 풀었다. 트리슐리강 근처 높은 골짜기에 위치한 곳이었는데, 우리는 거기에 앉아 커피를 마시며 아래로 천천히 흐르는 강과 계단식 논이 있는 푸르른 언덕을 감탄하며 바라봤다. 데브는 자신이 어릴 적엔 밧줄로 만든 다리가 강을 건널 수 있는 유일한 다리였다며 인도를 오가던 도로가 없던 시절 이야기를 들려주었다. 짐꾼들은 인도까지 걸어서 갔고 어깨에 소금 포대를 둘러메고 돌아왔다. 지금은 도로가 생겼지만 버스가 종종 낭떠러지 아래로 떨어져 많은 사람들이 죽는 위험한 곳으로 악명 높다. 나도 그런 사고를 두 번이나 목격했다. 수많은 사람들이 할 말을 잃은 채 길가에 서서 수백 피트 아래에 박살 난 버스를 내려다보았다.

데브는 나와 아들이 고사인쿤다에 가기 1년 전에 세상을 떠났다. 그는 간에 있는 쓸개길에 빠르게 진행되던 담관암을 앓았는데 런던에서 항암 치료를 받으며 거의 6개월을 병원에서 지냈다. 그와 함께 병원에서 생활하던 그의 아내는 나에게 병원을 방문해달라고 부탁했다. 데브는 자신이 죽어가고 있음을 알게 되자 나에게 작별 인사를 하고 싶어 했다. 내가 병실을 떠나려고 자리에서 일어설 때 그가 정확히 어떤 말을 했는지는 기억나지 않지만 나를 끌어당겨 포옹했던 것은 기억난다. 병실에서 나와 병원 복도를 걸어가며 나도 죽을 때가 되면 그처럼 위엄을 잃지 않아야겠다고 생각했다. 2주 후, 아주 힘겹게 데브는 네팔로 돌아갔고 자신의 병원에서 세상을 떠났다. 그가 몹시 그립다.

트리슐리강은 1960년대에 DDT를 뿌리기 전까지 말라리아가 들끓던 테라이 방향으로 흘러 내려간다. 그전까지는 테라이에서 살 수 있는 사람은 자연 면역을 갖고 있는 타루족 뿐이었다. 말라리아가 박멸된 후 인도 남부의 사람들이 테라이로 많이 이주했고 그때부터 민족 갈등이 이어지고 있다. 상류보다 평평하고 느리지만 훨씬 넓게 흐르는 트리슐리강은 인도로 흘러 결국 갠지스강에 합류한다. 그리고 수백 마일을 흘러 벵골만에 닿을 때쯤이면 세계의 큰 강들이 대부분 그렇듯 유독성 쓰레기들로 오염된다.

1년 전 파키스탄의 도시 카라치에 강의를 하러 방문했을 때 맹그로브 습지에 떠 있는 수상 레스토랑에 방문한 적이 있다. 보름달이 강 한가운데 있는 쓰레기 더미를 비추고 있었는데 먹물처럼 까만 강물 위에 달빛이 비추는 쓰레기 더미는 어디서 시작해서 어디서 끝나는지 알 수 없을 정도로 규모가 컸다. 매우 불길하고 기괴해 보이는 쓰레기 더미는 이상할 정도로 아름답고 완전한 적막 속에서 유유히 인도양으로 떠내려갔다.

해발 2,500미터 이상 오르게 되면 급성 고산병에 걸릴 수 있다. 고산병의 원인과 사람마다 차이가 나는 이유는 아직 밝혀지지 않았다. 하지만 티베트 사람들은 저지대 사람들과 다른 DNA를 가지고 있어서 고도가 높은 곳에서도 살 수 있다고 한다. 그들의 DNA에는 현인류의 조상인 호모 사피엔스와 교배한 데니소바인Denisovans의 DNA가 포함되어 있다. 그들의 헤모글로빈은 저지대에 사는 사람들보다 더 효과적으로 산소와 결합한다.

급성 고산병이 뇌부종이나 폐부종을 야기한다면 생명에 치명적일 수 있다. 매년 히말라야산맥에서 고산병으로 생명을 잃는 등반가들이 생긴다. 카트만두에서 고산병에 걸린 산악인의 뇌를 스캔한 적이 있었는데 뇌 전체에 여러 군데의 작은 출혈을 확인할 수 있었다. 고산병이 걸리면 호흡이 점차 가빠지는 것을 느끼다가 순간 깊고 떨리는 숨을 내쉬면서 갑자기 호흡이 멈출 때가 있다. 의학 용어로 무호흡 증상이라고 하는데, 이런 증상이 느껴지면 잠을 잘 수 없다. 호흡이 서서히 빨라지는 동안 잠이 들기 시작하다가 갑자기 숨이 막히고 산소 부족을 느끼는 무호흡증으로 격렬하게 잠에서 깨기 때문이다.

이와 관련된 신경 기제의 자세한 원리는 아주 복잡해서 완전히 밝혀지지 않았지만 이론상의 설명은 꽤 간단하다. 인간은 산소를 들이마시고 이산화탄소를 내뱉는다. 뇌는 혈중 산소와 혈중 이산화탄소를 지속적으로 감시하며 두 가지 모두 적절한 수준으로 유지한다. 고도가 높은 곳에서는 공기 중 산소가 적기 때문에 더 빨리 호흡해야 하지만, 그러면 혈중 이산화탄소 농도가 낮아지고 뇌의 균형 작용이 불안정해진다. 그래서 호흡이 빨라지다가 갑자기 멈추기를 반복한다. 호흡이 멈출 때 폐에 더 많은 산소를 공급하기 위해 숨을 헐떡이며 얕은 잠에서 깨는 것이다.

우리가 밤에 묵던 찻집은 전기도 없고 석유난로로만 난방을 하는 곳이었다. 밖은 영하 5도였고 강풍이 불고 있었다. 지붕 위에 얹은 철판이 고정되지 않아 바람이 불 때마다 기관총처럼 덜컹덜컹 하는 소리가 들렸다. 윌리엄과 나는 칸막이로 구분된 작은 방에서 잤는데 합판이 너무 얇아서 옆방에 있는 남자가 침낭에서 움직이는 소리와 숨 쉬는 소리까지 들렸다.

나는 선잠이 들었다가 깨기를 반복했다. 잠에 빠지면서 생각이 점점 흐릿해지는 것을 느낄 수 있었지만 몇 분 후에 헐떡거리는 숨을 쉬며 화들짝 깼다. 마치 머릿속이 칠흑같이 어두운 방이 되어 반쯤 깬 상태로 추상적인 이미지가 환각처럼 빠르게 움직이는 것을 보는 기분이었다. 정말 놀라운 것은 이런 단편적인 이미지가 완전히 무작위로 떠오른다는 것을 인지할 정도로 내가 충분히 깨어 있는—최소한 그렇게 보였다—상태였다는 사실이다.

최근 몇십 년 동안 수면 과학이 급속도로 발달해왔다. 뇌파 검사(EEG, 두개골과 두피를 통해 뇌의 전기적 활동을 기록하는 검사)와 기능 정밀검사(기능적 자기공명영상fMRI과 양전자 컴퓨터

단층촬영기PET-CT)가 중요한 역할을 했다. 이런 기술이 등장하기 전까지 수면은 뇌가 최소한의 활동을 하며 휴식하는 시간으로 여겨졌다.

　1953년, 사람들이 자는 동안 눈은 감고 있지만 눈동자는 빠르게 움직이는 시기가 있다는 사실이 우연히 밝혀졌다. 후속 연구를 통해 수면은 특징적인 EEG 패턴과 함께 렘REM(급속 안구 운동rapid eye moment)과 비렘NREM(비급속 안구 운동non-rapid eye movement) 수면으로 이뤄진다는 사실이 알려졌다. 일반적으로 90분간의 수면 시간 동안 5번의 수면 주기가 있다. 전반부는 주로 비렘수면이지만 밤이 깊어갈수록 렘수면이 우세해진다. 비렘수면은 4단계에 걸쳐 점점 렘수면으로 변하는데, EEG는 뇌의 모든 전기 활동 파장이 주로 서파slow-wave 형태로 진행된다는 것을 보여준다. 렘수면에서는 EEG가 비동기화되어 아주 활동적이고 불규칙하므로 깨어있는 상태와 구별하기 힘들다. 사람들이 렘수면에서 깨어나면 장면이 연결되는 꿈에 대해 얘기하지만 비렘수면에서 깨어나면 연결되지 않는 장면들을 얘기하는 것도 이 때문이다.

　모든 포유류와 조류도 렘수면을 한다. 진화가 진행되는 동안에도 보존된 방식이므로 이는 생명체에 있어 중요한 요소인 게 분명하다. 수면 부족이 오래 지속되면 몸에 치명적일 수 있다. 시각장애인들은 시각적 이미지가 나오는 꿈을 꾸지 않지만 급속안구운동을 한다. 포식동물은 다른 동물보다 훨씬 오래 렘수면을 한다. 돌고래들은 잠을 잘 때 뇌의 반쪽만 자는데 이는 장거리로 이동하는 철새들도 마찬가지다. 렘수면이 부족한 사람은 마치 굶주린 사람처럼 점점 더 빨리 잠에 빠져들 것이다. 렘수면의 부족은 감염에 대한 저항력을 감소시키는데 이는 수면이 뇌에만 영향을 미치는 것이 아님을 보여준다. 신생아나 어린이는 성인보다 훨씬 오랜 시간 렘수면을 한다.

최근 발견된 글림프 시스템glymphatic system―노폐물을 청소하는 것으로 알려진 뇌의 림프계―은 특히 자는 동안 활발하게 작동한다. 알츠하이머병의 원인으로 알려진 축적된 아밀로이드 단백질―이것이 발병에 미치는 정확한 영향은 논쟁의 여지가 있지만―을 제거하는 일은 밤에 일어난다. 수면 장애는 알츠하이머병의 대표적 특징이지만 수면 장애가 질병의 원인인지, 결과인지는 밝혀지지 않았다.

이처럼 신기하고 놀라운 사실들은 끝이 없다. 한 가지 분명한 사실은 수면, 어쩌면 꿈에도, 학습learning과 비학습unlearning이 연관되어 있다는 점이다. 최근 연구에 따르면 비렘수면은 기억을 통합하고 정리하며 렘수면은 새롭고 창의적인 방식으로 이를 재배열한다고 알려진다. 하지만 내가 가장 흥미를 가지는 질문에 대한 답은 아직 찾지 못했다. 과연 꿈에 의미가 있는 것일까?

원활하지 못한 호흡 때문에 비렘수면에서 깰 때마다 히말라야산맥의 강풍 때문에 지붕이 덜커덩거리는 소리가 들렸다. 머릿속에 상영되는 이상한 슬라이드쇼에 대해 궁금해하며 점점 비렘수면에서 깊은 단계로 서서히 빠져들었다. 슬라이드쇼는 내 뇌가 편집하는 기억의 단편일까? 아니면 내 뇌가 자이로스코프처럼 제멋대로 돌다가 움직임을 멈추었을 때 중단된 이미지일까?

가벼운 비렘수면일 때 보이는 슬라이드쇼가 꿈이라고 할 수 있을지 없을지에 대한 의견이 분분하다. 렘수면 상태에서 꾸는 꿈속 우리는 참여자로서 혹은 관찰자로서 자신에게 이야기를 들려주는 것 같다. 꿈은 시간이 지나면서 강렬한 의미와 어떤 줄거리가 생긴다. 물론 꿈에 분명한 이야기가 존재하는 경우는 거의 없다. 줄거리가 있다고 믿는 느낌은 오직 꿈을 꾸는 사람만 경험하는 신기루 같은 것이다. 인간은 여러 현상에 대해 그것을 이야기로 바꾸어 존재하지 않는 원인과 결과를 확인하려는 강박을 갖고 있는 것 같다. 렘수면 시간 동안 뇌를 스캔해보면 이성적 사고나 분석과 관련된 뇌의 부분—

배외측 전전두피질dorsolateral prefrontal cortex —이 비교적 활동을 하지 않는 반면에 시각과 기억, 감정과 관련된 부분은 활발히 활동한다는 것을 알 수 있다.

프로이트가 처음으로 무의식의 개념을 이야기한 건 아니다. 정확한 이유를 알 수 없는 행동에 대한 개념은 이전에도 존재했다. 프로이트의 이론은 일종의 수리 모형에 따른다. 이드id의 유아기 성 본능과 공격본능은 자아ego와 초자아superego에 의해 억압되고 그렇게 억압된 내적인 바람이 꿈으로써 완화된다는 것. 우리의 마음은 깊은 곳에 있는 실현되기 어려운 욕망을 뒤섞고, 통찰력 있는 정신 분석가는 자유 연상법을 활용하여 그 꿈을 해석한다. 꿈의 내용은 암호화된 형식으로 되어 있지만 무언가를 의미하고 있다고 말이다. 프로이트는 자신의 이론을 정당화할 어떤 증거도 제시하지 않았다. 정신분석은 미래를 예측하기 위해 오컬트 지식으로 꿈을 해독하는 주술사나 예언자들과 매우 분명한 유사점이 있다.

누구나 의미 있어 보이는 꿈을 꿔본 적 있을 것이다. 이런 꿈들은 보통 뒤죽박죽하고 특이한 형태이긴 하지만 현실과 명백한 연관도 있어 보인다. 나 역시 꿈을 꾼 지 몇 년이 지난 후에도 신비한 꿈 몇 가지를 기억한다. 학술 문헌에는 우울증 중에, PTSD 이후, 조현병일 때 꾸는 꿈에 대한 연구가 풍부한

데, 이를 보면 꿈은 무언가를 의미하고 시계 소리처럼 단순한 현상이 아니라는 느낌에서 벗어날 수 없다. 꿈이 주는 계시에 대한 유명한 이야기들이 많이 있다. 케쿨레와 벤젠 고리, 멘델레예프와 원소 주기율표, 폴 매카트니와 〈예스터데이〉 모두 꿈에서 받은 영감과 연관이 있다.

그러나 내 생각엔 이들은 모두 의식적인 노력을 사전에 이미 많이 쏟았고, 그 후에 꾼 꿈에서 계시를 발견한 것이다. 결국 모든 것은 다시 은유의 문제로 돌아간다. 의식과 무의식의 관계를 어떻게 설명할 것인가? 그들은 별개의 독립체가 아니라 같은 현상의 일부분이다. 이를 설명하는 단어를 찾는 것은 빛과 물질의 이중성을 파동과 입자로 이해하는 것—사실 거의 불가능한—만큼 어렵다.

고사인쿤다에 갔을 때 이미 몸에 암이 퍼지고 있었지만 당시엔 암의 존재를 알지 못한 채 저산소증으로 인해 자다 깼다를 반복했다. 이럴 때 나의 의식은 형편없는 짐이 될 뿐이다. 잠을 제대로 못 잔 윌리엄과 나는 아침에 침낭에서 뻐근한 상태로 일어나 추운 새벽에 음산하고 으스스한 호수를 내려다보았다. 우리는 셰르파들과 함께 다음 하이 패스로 출발했다. 그들도 밤에 깊이 잠을 자지 못했다고 했다. 생리학적으로 고산 지대에서 더 우월하며 나보다 튼튼하고 건강한 그들도 잠을 못 잤다고 불평하니 나만 그런 게 아닌 것 같아 안심이 되었다.

춥고 어두운 골짜기를 벗어나 더 높이 올라가자 햇살이 가득한 천상의 풍경과 마주했다. 안나푸르나부터 마나슬루, 가네쉬를 지나 랑탕리룽산, 헬람브, 티베트까지 아주 먼 거리를 볼 수 있었다. 이런 풍경을 바라보는 것이 왜 모든 불안과 철학적 문제들을 해결해주는지 이유는 알 수 없지만, 정말 그렇다. 잠을 못 자서 힘든 밤을 보냈는데도 이렇게 체력이 멀쩡하고 기분이 좋을 수 있는지 놀라울 뿐이었다. 그날 나는 발걸음이 무척 가벼웠지만 알고보니 이것은 나만의 착각이었다. 이후에 윌리엄이 말하길 그날 나는 매우 천천히 걸었다고 한다.

인간의 죽음을
보여주는 기록들

　　종종 손으로 무언가를 만들고 싶은 충동에 시달릴 때가 있다. 어머니 말에 따르면 아주 어릴 때부터 그랬다고 한다. 이런 충동이 어디서 시작된 것인지는 전혀 모르겠다. 집수리도 대부분 직접 했다. 수련의 시절에는 엄청난 근무 시간에 비해 연봉이 높지 않아서 나름 경제적으로 명분이 있었다. 높은 연봉을 받는 유명한 전문의가 되고 난 후에는 직접 공사를 하지 않아도 되었지만 나는 멈출 수 없었다.

　　한 번은 부엌 리모델링을 위해 방 두 개를 트고자 한밤중에 벽돌로 만든 벽을 철거한 적이 있었다. 전처는 이때의 나를 두고 이성적이지 못했다고 지적했다. 그녀는 아침에 부엌이 먼지로 가득한 상태에서 갑자기 벽이 사라진 것을 보고 큰 충격을 받았다고 말했다. 돌이켜 생각해보면 당시 내 행동에 일종의 광기가 있었던 것도 같다. 10년 후 그 집을 팔았을 때 부동산 감정인은 내가 무너뜨린 벽이 윗층의 장선을 받치고 있던 것이라며 여태 천장이 무너지지 않은 게 다행이라고 얘기했다.

나는 가스레인지에 가스 공급선을 설치하는 공사도 직접 했다. 새벽 3시 즈음 마침내 가스레인지 설치에 성공했을 때 어두운 뒤뜰로 비틀거리며 나가 '빛이 있으라Fiat lux!'라고 외치기도 했다(이웃들을 깨우지 않을 정도로). 대신 그날 아침 출근 후에 극심한 편두통을 앓았지만 이후에도 멈추지 않고 새 가스레인지에 바를 광택제도 직접 만들었다. 중탕기 없이 밀랍과 테레빈유, 카르나우바 왁스를 섞어서 만들다가 재료들이 폭발하여 부엌은 순식간에 유독한 검은 연기로 가득했다.

혹독했던 첫 번째 결혼생활이 끝나고 지금 살고 있는 이 집으로 이사한 지도 21년째다. 박공지붕 아래 1887년이라고 새겨져 있는 전형적인 남부 런던, 빅토리아 시대 주택이다. 당시 지도를 보면 여기는 몇 안 되는 거리와 몇 채 되지 않는 집들만 표시된 너른 벌판이었다. 집들은 대부분 아래층에 방이 두 개, 위층에 방이 두 개 있고 뒤편으로 증축된 공간에 부엌과 팬트리가 있으며 위에 방이 하나 있는 구조다. 내 집은 런던 스톡 벽돌로 지어졌는데 안타깝게도 집의 뒤편은 조약돌이 박힌 회반죽으로 되어 있다. 동생이 1891년부터 1911년까지 국세 조사를 살펴보았더니, 존 앤드류스라는 인쇄업자가 아내와 아들과 함께 적어도 20년 이상 이 집에서 살았다고 한다.

집에 대한 애착이 너무 커서 그런지 다른 누군가도 이 집에 대해 같은 느낌이었을 거라는 상상이 잘 안 된다. 내가 살던 집에—특히 어린 시절을 보낸 집이라면—낯선 사람이 살고 있다는 생각을 하면 싫어지는 것처럼 과거에 이 집에서 살았던 이들의 존재를 생각하면 기분이 이상해진다. 동시에 앞으로 이 공간을 누가 차지할 것인지, 이 집이 누구에게 넘어갈 것인지도 궁금해진다. 가끔 내 손을 바라보며 두 손으로 직접 해낸 모든 일에 대해, 그리고 언젠가 이 손도 내가 한때 해부했던 시체처럼 차갑고 하얗게 변할 것이라는 생각을 한다.

이 집은 내가 근무했던 병원까지 자전거로 5분 거리에 있다. 전 주인은 아일랜드 건축업자였던 남편과 사별한 여성이었다. 나중에 이웃에게 들은 말에 따르면 건축업자가 세상을 떠나기 몇 달 전 뒤뜰에 앉아 조용히 새들을 바라보곤 했다고 한다. 내가 이 집을 샀을 때는 정원이 버려진 땅 같았는데, 담쟁이덩굴이 벽과 나무를 타고 자라고 있었고 일부는 오래전에 죽은 것 같았다. 잔디밭 한쪽에는 장미가 피어 있었고 그 아래로는 동백나무와 아칸서스가 있었다. 시멘트로 대충 지은 창고 뒤로는 작은 동네 공원이 보였다. 놀라울 정도로 조용한 공간이었다.

20년에 걸쳐 이 집을 대부분 직접 수리했기 때문인지 나는 집에 대한 애착이 점점 더 커졌다. 집 앞쪽에는 서재로 개조한 넓은 다락 공간이 있다. 뒤쪽의 증축된 방 위쪽 지붕과 경계벽이 만나는 비스듬한 지붕 공간—1.2미터 높이—은 창고로 사용했는데 정사각형으로 된 22인치짜리 작은 문을 통해서만 들어갈 수 있었다.

창고는 필요 없는 물건들로 가득 찼다. 물건들을 이베이에 팔거나 동네 재활용센터에 가져가는 것보다 그냥 창고에 쑤셔서 넣는 것이 더 수월했다. 디지털카메라로 쓸모없어진 암실 장비들, 새로운 모델이 나올 때마다 바꾸면서 쌓인 컴퓨터 12대, 수많은 전선 더미, 저전압 변압기, 조명, 오래된 텔레비전, 스피커, LP, 하이파이 장비, 낡은 옷으로 가득 찬 여행용 가방 등이 있었다.

집 옆쪽에 있는 차고—지붕에 물이 새지만 차고 역시 내가

만들었다—구석에는 평생 수집한 목재 더미 옆에 서류 보관
용 상자들이 1.8미터 높이로 쌓여있다. 상자 위에는 거미줄이
가득하고 뚜껑 없는 상자에는 둥지를 튼 지빠귀 한 쌍의 배설
물도 묻어 있었다. 이 보관함에는 개인 진료소에서 은퇴하기
전 7년 동안의 모든 진료 기록이 있었다. 법에 따라 진료 기록
은 7년 동안 보관해야 한다.

　진료 기록을 보관해야 하는 법적 기간이 락다운이 시작되
면서 끝났기에 인터넷에서 기밀문서를 파쇄해주는 회사를 찾
았다. 락다운 기간에도 여전히 운영 중인 것을 보면 문서 파쇄
는 사람들에게 꼭 필요한 작업인 듯하다. 차에 상자들을 싣고
회사 사무실로 향했다. 상자에는 수천 장의 종이가 있는데 꼼
꼼하고 일 잘하는 비서였던 게일이 환자별로 진료기록을 깔
끔하게 봉투에 정리해두었다. 바닥에 무릎을 꿇고 서류를 쉽
게 파쇄할 수 있도록 봉투에서 서류들을 모두 꺼냈다. 시간이
꽤 걸렸다. 서류를 보며 생각보다 많은 환자들이 기억나서 놀
랐다. 이름만 기억나는 환자도 있었지만, 대부분 어떤 진단을
받았었는지까지 기억났다. 게일이 사망 날짜와 함께 '사망'이
라고 적어놓은 서류도 보였다. 유난히 힘들어했던 환자들과
가족들도 있었고 꽤 친해진 환자들도 있었다. 천천히 자라는
뇌종양인 경우 병이 서서히 진행되는 오랜 시간 동안 정기적

으로 병원을 방문하기 때문이다.

진료실이 아닌 곳에서 진료 기록을 보는 것은 우울하다. 인간이 절대 피할 수 없는 취약성과 죽음을 보여주는 기록 아닌가. 암에 걸리기 전에 나는 다리 골절이나 망막 박리, 요로 결석처럼 비교적 가벼운 건강 문제를 겪었다. 그럴 때마다 동료들이 아주 잘 치료해주었지만 지역 보건의에게 보내는 서류 복사본에 적힌 내 이름을 볼 때마다 두려움에 떨었다. 완전히 회복되었다는 내용의 서류인데도 말이다.

이제 곧 사라질 수천 명의 삶과 그들과의 대화를 떠올려봤다. 의사의 행동에 대한 솔직한 생각을 얘기하는 환자는 드물기 때문에 의사는 환자와의 대화법을 진솔하게 배우기가 어렵다. 40년 전에 나의 대화 방식을 직접적으로 비판하던 한 환자를 기억한다. 신경외과에서 훈련받기 전, 의무적으로 1년 동안 일반 외과에서 근무하던 시절이었다. 블랙 부인이라는 환자였는데 내 앞에서 용기 있게 나를 비판하는 사람이 드물었기에 이름을 기억하고 있다. 그녀는 내가 유방암 진단을 너무 무심한 태도로 얘기했다고 말했다.

그녀가 옳았을지도 모른다. 환자들은 의사에게 지적이나 비판을 잘 하지 않기 때문에 의사들은 자신의 의사소통 능력이 뛰어나다고 착각하기 쉽다. 대부분의 의사들처럼 나도 내가 친절하고 인정 있는 의사였다고 생각했지만 내가 암을 진단받고 나서야 환자와 의사 사이의 거리가 얼마나 먼지, 의사들이 얼마나 환자가 겪고 있는 일을 이해하지 못하는지 깨달았다.

봉투에서 서류를 모두 꺼낸 나는 삐걱거리는 무릎을 펴며 고통스럽게 바닥에서 일어나 어깨를 으쓱했다. 이제 모두 끝났다고 생각했다. 이제 환자들이 나에 대해 어떻게 생각하는지 영원히 알 수 없을 것이다.

다락방에 대해 말해보자면, 22인치 사각형 모양의 문을 통해 놀라울 정도로 많은 물건을 쉽게 쑤셔 넣을 수 있지만 물건을 꺼내기 위해 먼지투성이의 다락방에 네 발로 기어서 들어가야 할 땐 매우 불편했다. 특히 나이가 들며 몸이 더 뻣뻣해졌기에 물건을 집어넣을 때 작은 문에 몸이 낄 때도 있었다. 락다운이 시작되면서 이런 상태를 견딜 수 없었다. 오랜 세월 동안 지속된 나의 낭비벽에 수치심과 혐오감이 들었다.

작은 문으로 왔다 갔다 하다 보니 육체의 고통으로 기적의 힘을 얻기 위해 카일라스산을 기어 다니는 티베트의 순례자들이 떠올랐다. 〈에브리맨Everyman〉이라는 신비극(1501년에 발표되었다)에 나오는 에브리맨이 생각나기도 했다. 그의 죄와 선행을 견주어 장부가 작성되는데 그는 우정과 재화에 버림

받고 혼자라는 사실을 깨달으며 홀로 죽음을 맞이한다. 나의 죄는 현대인의 죄악인 환경 파괴일 것이다. 결국 쓰레기 매립지로 가게 될 불필요한 물건을 지나치게 많이 소유했다. 락다운 기간 동안 아들의 도움을 받아 몇 주에 걸쳐 다락방을 깨끗이 비웠다. 모든 물건을 아래층으로 가지고 내려오니 방 두 개가 물건들로 가득 찼다. 결국 이 물건들을 처분해줄 업체를 찾았다.

다락방에 쌓여있던 잡동사니 속에서 50년도 더 지난 편지들과 어린 시절 물건들이 담긴 상자를 발견했다. 내가 이렇게 늙었다는 사실이 믿기지 않았다. 50년이 넘게 보관한 일기장들도 있었다. 이 일기장을 어떻게 해야 할까? 전부 찢어버리고 싶은 마음도 들었다. 과거에 쓴 일기에서 자유로워지고 싶기도 했고, 내가 죽은 다음 자식들이 일기장을 어떻게 처리해야 할지 부담 주고 싶지 않았다. 내 일기장에 역사적인 중요성이 있는 것도 아니었다.

한편으로는 버린 일기장에서 숨은 보물을 찾게 될 수도 있다는 걱정도 든다. 가끔 앉아 일기 몇 편을 읽다 보면 내가 얼마나 많은 과거를 잊고 지냈는지, 내가 쓴 글이 얼마나 지루한지 놀라곤 한다. 그래서 언젠가 일기를 한편씩 읽어보며 자손들에게 도움이 될 만한 몇 편의 글을 골라 보관해야겠다고 다짐했다. 내가 쓴 일기를 모두 처분하는 것은 일종의 자살처럼 느껴져서 이를 직면하기 힘들었다. 어쩌면 처분하기에 너무 늦었는지도 모른다.

우크라이나에서
할 수 없는 뇌수술

　　팬데믹이 시작되기 직전 우크라이나에 방문했을 때였다. 동료 안드리가 자기 환자를 한 번 봐달라고 부탁했다. 그 환자는 비교적 가벼운 수술을 받고 잘 회복했기 때문에 왜 나더러 봐달라 하는지 이유를 알 수 없었다. 돈바스에서 러시아군과 싸우다가 머리에 총상을 입은 환자였는데 저격수였던 그는 최전방에서 대피하여 르비브에 있는 안드리에게 치료받던 중이었다. 다행히 뇌는 손상되지 않았다. 안드리는 용기를 내어 그에게 사람 죽이는 일이 힘들지 않았는지 물어보았다고 했다. 저격수는 무표정한 얼굴로 사람들을 죽이는 게 쉽진 않았는데, 그 이유가 딴 게 아니라 목표물이 가만히 있지 않고 너무 많이 움직였기 때문이라고 했다.

　그 저격수를 만났을 때 그는 부상으로 휴가 중이었고 곧 전쟁터로 복귀할 예정이었다. 안드리가 중간에서 통역을 맡았다. 나보다 키가 작은 그는 얇은 금발에 아주 맑은 푸른 눈을 가진, 소년처럼 동그랗고 순진한 얼굴이었으며 차분한 표정을 짓고 있었다. 오른쪽 귀에서 2인치 위에는 깔끔한 반원형의 수술 자국이 있었다. 왜 나를 만나야 하는지 의아해하며 약간 긴장한 것 같았다. 그는 인생에서 어떤 위기를 겪었다고 했지만 자세히 설명하지는 않았다. 스스로 문제를 해결하기 위해 입대했다는 그는 러시아와 분리주의자들에 대항하여 싸우는 애국주의자가 아니라 주어진 일에 충실한 직업군인이었다. 그의 얘기를 듣고 46년 전 나도 대단한 소명감 때문이 아니라 삶에서 맞닥뜨린 어떤 위기를 계기로 의사가 되었던 터라 그가 어떤 위기를 겪었는지 자세히 물어보지는 않았다.

　"우리는 항상 2인 1조로 움직입니다." 그가 말했다.

　"우리는 매우 고도로 훈련된 군인이죠."

　"외상 후 스트레스 장애로 문제를 겪나요?"

　"우크라이나인들에게는 해당하지 않습니다."

　나는 그의 말을 믿지 않았다.

　"총을 쏠 때 머리를 조준합니까?" 내가 물었다.

"항상 그런 건 아닙니다. 어떤 결과를 원하는지에 따라 다르죠. 가끔은 움직일 수 없는 부상만 입힐 때도 있습니다."

"잔인하군요." 내가 말했다.

"군인들의 눈을 멀게 하기 위해 레이저를 사용하기도 합니다."

"레이저를 사용하는 것은 금지된 줄 알았는데요."

"그들이 제 동료에게 레이저를 조준하는 바람에 한쪽 눈의 시력을 잃었습니다. 그들은 지뢰와 백린 연막탄도 사용합니다. 모두 금지된 무기입니다." 그가 어깨를 으쓱하며 말했다.

"당신은 러시아인들을 싫어합니까?" 내가 물었다.

"아뇨, 아니에요." 그는 진심으로 이 질문을 즐기는 듯한 얼굴로 대답했다.

"그들은 우리처럼 좋은 사람들입니다."

그의 대답을 듣고 생각에 잠겼고 잠시 침묵이 흘렀다.

"운이 좋은 날에는 몇 명이나 사살하나요?" 다시 질문을 던졌다.

"따로 세어보지는 않습니다." 그가 재빠르게 대답했다.

"지원병들은 몇 명이나 죽였는지 세면서 소총 개머리판에 기록하겠지만 말입니다." 그는 약간 못마땅해하는 목소리로 말했다.

그가 자신의 일에 대해 어떤 감정을 느끼는지 실마리라도 찾으려 계속해서 질문했지만, 저격수는 고도로 훈련받은 전문가라서 어떤 감정도 개입되지 않는다는 대답만 돌아왔다.

"전쟁이 어떻게 될 것 같습니까?" 내가 물었다.

"군인들은 매일 목숨을 잃고 있습니다. 끝이 보이지 않습니다."

그는 모든 감정을 억누르고 있었을까? 직접 죽인 사람들에 대해 정말 초연하고 무관심했을까? 앞으로 언젠가 한밤중에 두려움과 불안감으로 잠에서 깨는 날이 올까? 내가 은퇴한 후에 몇십 년 전에 살리지 못한 환자들을 갑자기 떠올리는 것처럼 그도 어느 날 갑자기 희생자들을 떠올리게 될까?

우크라이나를 방문할 때면 청신경종acoustic neuromas이라고 부르는 커다랗고 까다로운 뇌종양 환자들을 자주 만난다. 일부 환자의 경우, 치료하지 않으면 생명에 치명적일 수 있는 양성 종양이다. 문제는 수술을 할 때 얼굴 근육을 조절하는 신경이 손상될 위험이 크다는 것이다. 그러면 환자는 종양 옆으로 안면 마비가 일어난다.

외과 의사들은 그들이 이룬 성공이 아니라 합병증과 실패 확률로 판단되어야 한다. 물론 이런 기준으로 판단하기는 정말 힘든데, 모든 환자와 수술이 제각각 다르고 아무리 의사가 훌륭한 실력을 갖추고 있어도 어떤 환자의 경과는 나쁠 수도 있기 때문이다. 그리고 뛰어난 실력을 갖춘 의사일수록 까다로운 수술을 맡게 되기 때문에 합병증 비율이 높아질 수 있다. 그래서 환자들에게, 동료 의사들에게, 자기 자신에게 실수와 합병증을 부정하고 숨기기 쉽다.

나 역시 숨기고 부정할 수 있었지만 하지 않은 적도 있고 실제로 숨기고 부정했던 적도 있다. 그때 나는 한 남성 환자의 신경 수술을 도와주고 있었다. 수술은 순조롭게 진행되었지만 수술이 끝나고 복도를 걸어가는데 무언가가 나를 괴롭혔다. 순간 가슴이 철렁하는 느낌과 함께 불현듯 나와 실습생이 반대쪽 목을 수술했다는 사실을 깨달았다. 수술은 중간선 절개로 진행되기 때문에 수술 후 초음파 검사로는 목의 어느 쪽을 수술했는지 알 수 없다. 수술을 받았다고 해서 반드시 팔의 통증이 완화되는 것도 아니므로 환자에게 거짓말을 하고 증상이 나아지지 않으면 이후에 추가 수술을 권할 수도 있었다.

다음 날 두려운 마음으로 환자가 누워 있는 병실로 들어갔다. 정원으로 둘러싸인 윔블던의 오래된 병원에서 근무하던 시절이었다. 봄이었고 그의 침대는 병원 뒤쪽의 푸른 비탈을 마주하고 있었다. 작년 가을에 내가 심어 놓은 수선화가 가득 피어 있었다.

"유감스럽지만 환자분께 좋지 않은 소식이 있습니다." 어렵게 말을 꺼냈다.

"무슨 일인가요, 선생님?" 그가 대답했다.

"제가 수술해야 할 쪽이 아닌 다른 쪽을 수술했습니다."

병실에는 긴 침묵이 흘렀다.

"잘 알아들었습니다." 그가 말했다.

"저는 부엌에 붙박이 가구를 설치하는 일을 합니다. 한 번은 거꾸로 설치한 적이 있어요. 실수하기 쉬운 부분이죠. 가능한 한 빠른 시일 내에 다시 수술해주신다고 약속해주세요."

아주 오래전에 일어난 일이다. 만약 요즘 이런 일이 일어났다면 나는 아마도 해고당했을 것이고 그 때문에 거짓말을 해야겠다는 압박감이 더 컸을지도 모른다.

종양 환자들을 위한 단체인 청신경종협회Acoustic Neuroma Association에서 강의를 한 적 있다. 50명의 참석자들 중 부분적으로 얼굴이 마비된 환자가 대부분이었고 그중에는 내가 맡았던 환자들도 몇 명 있었다. 이들을 마주하는 것은 내 인생에서 가장 두려운 경험 중 하나였다. 사기꾼 내지는 세계에서 가장 형편없는 외과 의사가 된 듯한 기분이었다. 강의가 끝나고 배우로 활동했던 빨강 머리의 젊은 여성이 다가왔다. 그녀는 한쪽 얼굴에 심한 마비 증상이 있었다.

"선생님께 수술을 받고 나서 이렇게 마비가 왔어요." 그녀는 한쪽만 찡그린 얼굴로 말했다.

"하지만 선생님이 수술 후 이렇게 된 저를 보고 정말 속상해하시는 모습을 보고 저는 선생님을 용서했습니다."

나는 이런 유의 종양을 수술하는 방법을 깨닫는 데 오랜 세월이 걸렸고 항상 수술 결과—안면 마비의 측면에서—가 다른 의사들보다 좋지 않을까 봐 걱정했다. 수술 결과를 발표하는 의사들—주로 미국과 다른 유럽 국가들에 있는 의사들—은 나보다 훨씬 많은 환자들을 수술한 사람들이었다. 수술의 성공은 오로지 연습과 경험에 달려 있다. 영국에서 외과 의사들은 NHS에서 정한 통원 범위라는 체계가 있어서 다른 국가들보다 전문적인 기술을 개발하는 데 어려움이 있다. 그래서 최선을 다해 배워야 하는데 그러기 위해선 어느 정도의 기만과 자기기만이 필요하다. 모든 외과 의사들은 환자에게 경험많고 유능한 척해야 하는 힘겨운 시기를 거친다. 이 시기는 의사가 되자마자 바로 시작된다. 겁먹은 의사만큼 환자가 무서워하는 것은 없는데 젊은 의사일수록 자주 겁에 질려 있다. 그래서 환자들에게 감정을 숨겨야 한다.

진화생물학자인 로버트 트리버스Robert Trivers의 놀라운 책 《기만과 자기기만Deceit and Self-Deception》에는 먹이 사슬이 존재하는 자연에서 기만은 보편적인 개념이라고 말한다. 그만큼 기만은 생존에 중요한 역할을 하는 것이다. 트리버스에 따르면 인간의 놀라운 점은 자기기만을 할 수 있다는 것이다. 인간이 거짓말을 할 때 자기 자신까지도 속이면 무의식적인 말과 신체 언어에서 순간의 부정직함이 드러날 가능성이 더 적다고 설명한다.

외과의로서 첫발을 내디딜 때는 자신감을 부풀리고, 자신을 속이고, 같은 인간의 신체를 칼로 열 수 있어야 한다. 수술하기 까다로운 환자를 맡지 않는다면 어떻게 실력을 키울 수 있을까? 본인 힘으로는 어쩔 수 없어 자신보다 실력과 경험이 뛰어난 동료에게 환자를 보내야 할 때도 있다는 사실은 의사로서 받아들이기가 쉽지 않다. 그래서 우리는 원래보다 더 유능한 사람인 것처럼 자신을 속인다. 의사에게 있어 자기기만은 일종의 중요한 기술로써, 상급자들의 감독을 받는 수련의라면 큰 문제가 되지 않는다고 나는 농담처럼 말한다. 하지만 내 일에 아무도 관여하지 않는 상급자의 자기기만은 문제가 될 수 있다. 모든 외과 의사는 위태로운 줄타기를 하듯 자신감을 갖는 것과 도움을 요청할 때를 아는 것 사이의 균형을 아슬아슬하게 지킨다.

컨설턴트(병원에서 관리 등 리더 업무를 수행하는 해당 분야의 최고 전문의)가 되고 얼마 지나지 않아 한 젊은 변호사가 작은 청신경종으로 나를 찾아왔다. 무려 30년 전이었던 당시에는 작은 종양을 치료할 필요가 있는지 없는지에 대한 의견이 갈릴 때였다(여전히 다양한 의견이 있지만, 지금은 수술 대신 집중 방사선 치료라는 선택지도 있다). 환자는 이런 수술을 몇 번이나 해보았는지 물었다. 실제로 거의 해본 적 없는 수술이었기에 당황스러웠고 아주 방어적인 태도로 그를 대했다. 모든 환자들이 담당 의사에게 마땅히 물어봐야 할 질문이지만, 실제로 물어보는 경우는 극히 드물다. 그때 어떻게 대답했는지는 기억나지 않지만, 그 환자가 자신이 의료과실 전문 변호사라서 내가 수술을 피한다며 화를 냈던 것은 기억난다. 결국 나는 경험이 나보다 훨씬 풍부한 다른 외과 의사를 추천해주었다. 당연히 그렇게 해야 맞는 일이었지만 자기 자신과 환자에게 자신의 한계를 인정해야 하므로 생각만큼 쉽진 않았다.

우크라이나의 오랜 동료와 사이가 멀어지게 된 것도 이런 경우 때문이었다. 그는 우크라이나에는 이런 수술을 제대로 할 수 있는 의사가 없다며 커다란 청신경종양을 제거하는 방법을 가르쳐달라고 부탁했다. 망설임 끝에 몇 번의 수술을 도왔지만 결국 그만하기로 결정했다. 수술 후에 환자가 사망하거나 증상이 악화될 때마다 그가 이런 사실을 숨겼다는 것을 알게 되었기 때문이다. 그에게는 나쁜 소식은 묻어버리는 구소련식 태도가 너무 익숙했다. 어차피 우크라이나의 의료 기술은 꾸준히 발전하고 있었기에 내가 특별한 기여를 하는 것도 아니라고 판단했다. 20년 동안 함께 일한 우리는 갑자기 사이가 멀어졌다.

더 큰 문제는 그에게 가르쳐준 기술과 경험이 그의 아들에게만 공유된다는 것이었다. 이것이 구소련이 남긴 또 다른 악습이었다. 구소련에서 병원은 완전히 족벌 체제로 운영되었다. 어쨌거나 나는 이후로도 계속 우크라이나를 방문했으며 주로 젊은 의사들과 교류했다. 다행히 그들은 구소련의 문화 속에서 성장하지 않은 세대였다.

어느 날 젊은 의사인 올레나가 나를 찾아왔다. 자신의 뇌스캔을 봐달라는 것이었고 일종의 외래환자 상담이 되어버린 이 미팅은 내가 머물던 키이우 중심부의 한 호텔 바에서 이뤄졌다. 그녀가 가져온 뇌스캔을 창문을 향해 들어 올렸다. 스캔을 통해 창밖의 눈 덮인 아름다운 거리가 보였다. 호텔은 차르 시대 유산이 많은 키이우의 구시가지 포딜 지구에 있었다. 《거장과 마가리타》의 작가인 미하일 불가코프의 집이 바로 근처인 곳이다.

올레나는 최근에 출산을 했는데, 만삭이 되었을 때 걸음이 약간 불안정해져서 뇌스캔을 받았더니 거대한 청신경종이 있다는 사실을 발견했다고 했다. 종양의 크기가 너무 커서 수술 후유증으로 안면 마비가 올 가능성이 매우 컸다. 이렇게 큰 종양이 있을 때 겪는 흔한 증상으로 한쪽 청력을 잃은 것을 제외하면 그녀는 놀라울 정도로 건강했다. 불안정한 걸음도 출산 후에는 개선되었다. 하지만 치료를 받지 않으면 종양이 서서히 생명을 앗아간다. 그녀는 나에게 수술을 부탁했다. 해외에서 치료를 받기 위해 병원비를 가족이 모으고 있다면서. 우크라이나에서도 치료받을 수 있었지만 수술 후 관리가 잘 이뤄지지 않기 때문에 위험하다는 걸 그녀는 잘 알고 있을 터였다. 그녀는 해외에서 치료받는 비용이 어느 정도인지 물었다.

"영국에서는 특별한 경우가 아니라면 5만 달러 정도 들 거예요. 독일에서는 두 배, 미국에서는 적어도 다섯 배는 듭니다." 내가 말했다.

"수술 후에 다른 문제가 생긴다면 아마 비용이 더 들 겁니다."

"저는 선생님이 수술해주셨으면 좋겠어요."

"저보다 실력이 뛰어난 의사들도 있습니다."

"하지만 저는 선생님을 믿어요."

"한 번 고민해 볼게요."

쉬운 결정이 아니었다. 얼마 전까지만 해도 크게 고민할 필요 없는 문제였다. 한창 병원에서 일했을 땐 누구라도 수술을 해야 하는 상황이라면 이런 종류의 종양을 다루는 전문의로서 거의 항상 나에게 수술이 맡겨졌다. 하지만 은퇴를 앞둔 시점에서는 남에게 수술을 넘길 수 있는 선택권이 생긴다. 결국 같은 병원에서 근무하는 젊은 의사에게 청신경종 수술을 넘겼다. 그는 나와는 아주 다른 성향의 사람이었다. 조용하고 생각이 깊고, 아는 게 많지만 겸손하고, 대단히 참을성이 강했다. 내가 존경하는 몇 안 되는 동료 중 한 명이었다.

올레나의 수술은 정말 위험할 수 있었다. 수술 후에 목숨을 잃거나 영구적인 마비가 일어날 확률이 높았다. 동료에게 이 수술을 맡아달라고 부탁하는 것이 겁쟁이 같은 행동일까? 반대로 직접 수술하기로 했다면 그건 외과 의사로서 내 경력이 끝났다는 것을 인정하지 않는 허영심 때문일까? 당시에는 나도 충분히 수술을 잘 할 수 있다고 확신했지만, 동시에 동료에게 맡기는 것이 더 나은 선택일 수도 있다는 두려움도 컸다.

외과 의사들은 '잠 못 드는 밤'을 가끔 일에서 오는 극심한 스트레스를 나타내는 일종의 암호라고 얘기한다. 나도 처음 컨설턴트가 되었을 때 어려운 수술을 하기 전날 밤에 잠을 자지 못하는 힘든 시기를 겪었다. 한밤중에 수면제와 보드카를 마셨던 때를 기억한다. 이 시기는 빨리 지나갔고 그 후로는 항상 잠을 잘 잤다. 하지만 호텔 바에서 올레나를 만난 그날 밤에는 잠이 오지 않았다.

아침 일찍 눈을 떴다. 기후 변화로 겨울이 점점 짧아진 탓인지 2월이었지만 겨울은 이미 지나가고 있는 느낌이었다.

"기후 변화?" 우크라이나 친구들은 웃으며 말한다. "우리한텐 그것보다 더 시급한 문제가 있다고."

호텔은 키이우 중심부를 가로지르는 드네프르강 근처에 있었다. 근처에 있는 작은 예배당을 찾았다. 구소련이 붕괴된 직후에 지어진 곳인데, 70년간 이어진 구소련의 억압이 끝나자 우크라이나 전역에 교회와 예배당이 속속 들어섰다. 강 위 작은 곳에 지어진 이 예배당에는 반짝이는 작은 금빛 지붕이 있었는데 근처의 다 허물어져 가는 건물과 음산한 콘크리트 고속도로와 상당히 대조적이었다. 그동안 지나치기만 했던 이 예배당의 실내는 어떨지 항상 궁금했다. 예배당 안으로 들어가면서 우크라이나에서 나와 동료가 했던 일들에 대해 생각했다.

우크라이나 의료계 발전에 일조하겠다고 노력했던 세월을 이제는 다른 시각으로 바라보게 된다. 처음과 달리 내가 했던 일들이 그리 대단하지 않다는 것을 깨닫는다. 나는 우크라이나에서 봐왔던 많은 것을 잘못 해석했다. 영웅이 되고 싶은 헛된 욕망에 눈이 멀었다. 이제 내가 틀렸다는 것을 안다. 나와 내 동료, 둘 다 영웅이 아니었다. 오랜 세월 그곳에서 일한 것을 후회하지는 않지만 지금 돌아보면 복잡한 감정이 든다. 주로 깊은 실패감과 우크라이나 친구들을 향한 사랑이 뒤섞인 묘한 감정이다.

강을 따라 이어지는 고속도로에는 출근길 교통체증이 극심했고, 나는 고속도로 아래의 암울한 콘크리트 지하도로 걸어갔다. 인도에는 얼음과 빗물 웅덩이가 여기저기 있었다. 녹은 눈이 함석지붕 위로 떨어지는 소리가 사방에서 들렸다. 열악한 날씨였다. 비가 내리고 안개가 짙었으며 녹아서 지저분해진 눈이 길가에 쌓여있었다. 안개에 가려진 드네프르강에는 폐수로 더러워진 부빙이 몇 조각 떠다녔다. 사흘 전만 해도 온 강이 얼어붙어 브뤼헐의 그림 속 인물처럼 생긴 사람들이 티 하나 없이 깔끔한 설빙에 구멍을 내고 낚시를 즐겼다.

어두운 예배당에는 허리가 굽은 노부인이 머리에 스카프를 쓰고 어둠 속에 서 있었다. 도금을 한 이코노스타시스 iconostasis만 흐릿하게 보였다. 20흐리우냐를 주고 길고 얇은 양초를 사자 노부인이 이코노스타시스 옆에 있는 황동 촛대로 안내했다. 러시아어로 중얼거리던 그녀는 이미 촛대에 꽂혀 있던 양초 두 개에 불을 붙였다. 나는 종교가 없지만 내 양초에 불을 붙이고 똑바로 세워둔 다음 호텔로 걸어 돌아왔다.

그날 오후 호텔 바에서 올레나 부부를 만났다. 그들에게 내 동료가 수술을 맡는 게 나을 것 같다고 얘기했다. 그들은 주저했다.

"제 동료가 저만큼 좋은 결과를 낼 것이라는 건 분명합니다. 어쩌면 더 나은 결과를 낼 수도 있습니다." 내가 말했다.

몇 주 후 비자가 발급되고 4만 파운드를 병원에 지불한 후 올레나는 런던으로 왔다. 올레나는 가족과 친구들에게 부탁하여 치료비를 마련했다. 나는 그들이 돈을 아낄 수 있도록 우리 집에서 함께 지내기를 제안했다. 동료 의사와 이비인후과 파트너가 진행한 수술은 무려 20시간이 걸렸다. 20시간이라니. 오전에 시작한 수술은 다음 날 아침 6시에 끝이 났다. 올레나는 안면 마비 없이 잘 회복했고 한 달 후에 우크라이나로 돌아갔다. 정말로 놀라운 결과였다. 동료들이 매우 자랑스러웠지만 한편으로 조금 슬프기도 했다.

올레나의 수술—정확히 말하면 내가 맡지 않기로 결정한 수술—은 외과 의사로서의 내 경력이 끝났음을 의미했다. 외과 의사들은 이를 은퇴했다고 표현한다.

내 죽음 후에
남겨질 것들

코로나19가 시작되었을 때 나는 죽을지도 모른다는 두려움이 컸다. 어처구니없게도 그때 가장 크게 걱정했던 것은 손녀들에게 줄 인형의 집을 완성하지 못할지도 모른다는 사실이었다. 35년 전 나는 큰딸 세라에게 인형 집을 만들어주었다. 당시 수련의였던 터라 일주일 내내 24시간 동안 당직 근무를 하고 있었다. 불법이었지만 내가 근무했던 병원에서는 임시방편으로 시행되고 있었다. 이 때문에 다른 과 전문의들과는 전혀 협력할 수 없고 서로의 환자들을 돌보는 것도 불가능했다. 나는 이 나라에서 이렇게 일하는 마지막 직업이라는 비뚤어진 자부심과 자만심이 강했다.

다행히 생활은 집에서 할 수 있었고 밤에도 일이 그렇게 힘들지 않았다. 하지만 하던 일을 제쳐두고 언제라도 병원으로 달려갈 수 있어야 했기 때문에 이동하는 데 엄청난 제약이 따랐다. 휴대폰이 나오기 전이라 항상 호출기를 들고 다녔는데 집이 아닌 곳에서 호출을 받으면 애타게 전화기를 찾아 다녀야 했다. 햄버거 가게에 들어가 전화기 좀 쓰게 해달라고 구걸한 적도 있다. 멍하니 놀란 햄버거 가게 직원 앞에서 수련의에게 환자의 뇌에 드레인을 삽입하는 방법을 설명했었다. 그들이 전화 사용료로 50펜스를 요구했을 때 다소 짜증이 났지만.

주로 저녁이나 밤에 인형 집을 만들었다. 집 뒤편에 있는 지하실에 내 작업실을 만들었고 그곳에서 항상 작업했다. 작업실 한쪽 모서리에는 막힌 유리창으로 된 채광통이 있었는데, 제2차 세계대전에 폭탄으로부터 유리창을 보호하기 위한 십자형 창살이 여전히 남아 있었다. 지하 작업실의 높이는 180센티미터도 되지 않았기 때문에 똑바로 설 수 있도록 작업대 앞에 얕은 구덩이를 파야 했다. 거기서 나는 아주 기괴할 정도로 거대한 인형 집을 만들었다. 정확히 말하면, 집 전체를 완성한 것은 아니고 일부만 만들었다. 돌이켜보면 터무니없이 실용적이지 않은 인형 집이었다. 3층짜리 집에 방이 두 개밖에 없었는데 폭은 120센티미터나 되었다. 다른 물건을 만들 때도 그랬지만 인형 집 역시 제대로 완성하지 못했고 서둘러 만드는 바람에 만듦새도 떨어졌다. 인형 집을 세라의 방으로 옮기는 것도 문제였다. 당시 아내가 투덜거리며 도와준 덕분에 인형 집을 들고 겨우 계단을 올라왔지만 이동하는 중에 일부가 부서지기도 했다.

그렇게 엉성하게 만들었는데도 세라는 인형 집을 가지고 노는 걸 좋아했다. 그러다 세라도 점점 인형 집을 더 이상 가지고 놀지 않게 되었고, 얼마 후 나는 이혼했다. 인형 집은 20년 동안 뒷방 구석에서 먼지를 뒤집어쓴 채 거미들의 안식처가 되었다. 나는 인형 집을 버리고 싶었지만 딸은 계속 보관하고 싶어 했다. 결국 톱을 들고 3분의 1 크기로 절단했다. 세라에게 손녀들에게 줄 인형 집을 다시 만들겠다고 했지만 실행에 옮길 수 있을지 의심스러웠다. 만약 코로나19가 아니었다면 아마 영원히 완성하지 못했을 것이다.

형편없는 인형의 집에서도 꽤 잘 만든 부분은 있었다. 60개의 난간 기둥이 있는 길이 6.5센티미터, 폭 0.6센티미터의 티크 계단이다. 매우 공들여 만든 부분인데 안타깝게도 계단은 인형을 가지고 노는 데는 쓸모가 없었다. 60개의 난간 기둥을 만들기 위해 세밀한 작업을 하느라 꽤 오랜 시간을 쏟았다. 20년 후에 다시 봐도 과거의 내가 이런 작업을 했다는 사실이 놀라울 뿐이다. 어쩌면 당시에도 지금 생각하는 것처럼 그렇게 형편없는 솜씨는 아니었을지도 모른다. 과거의 나에 대한 경멸이, 나이를 먹으며 몸과 마음의 상태가 나빠지고 있다는 의식에서 생긴 질투심인지 궁금하다. 혹은 은퇴한 지금, 경쟁할 상대가 나 자신밖에 없어서일까.

손녀 아이리스와 로절린드는 내가 개조한 인형 집을 매우 마음에 들어 했고 그래서 나는 막내 손녀 리지를 위해 새로운 인형 집을 만들기로 했다. 처음 만든 인형 집은 내가 10살 때 가족들과 함께 살았던 18세기식 테라스 하우스를 본떠 만든 것이었다. 좋았던 시절로 돌아가기 위해 내 과거를 미니어처로 재현하려 했던 것 같다. 두 번째 집은 고층의 성곽 양식을 본따 만들었는데, 웅장한 계단이 있고 바깥벽은 자석으로 고정되어 있어서 인형을 가지고 놀 때 쉽게 탈부착할 수 있었다.

세 번째 인형 집을 만들기로 하자 마침내 창고에 보관해 놓은 목재의 사용처가 생긴 것 같아 뿌듯했다. 느릅나무로 인형 집의 지하실 바닥을 만들고, 물푸레나무와 흑단으로는 침실 바닥을 만들었다. 미니어처 장식이 있는 참나무 지붕도 만들었는데, 제작하는 데 며칠이나 걸렸다. 락다운이 시작된 데다가 은퇴까지 했기에 작업할 시간이 충분하기도 했고, 인형 집 규모를 아주 크게 만들고 싶었다. 캐서린은 집에 인형 집을 놔

둘 공간이 있으니 크게 만들어도 좋다고 했지만 시간이 지날수록 이것이 성가신 물건이 될까 봐 두렵다.

얼마 전에는 집 옆에 별채 차고를 지었다. 엉성한 내가 만든 것답게 차고 지붕도 물이 심하게 샜다. 지붕에 얹은 목재가 썩으면서 잡초가 자라기 시작했는데 꼭 지붕에 장식을 한 것처럼 보인다. 다시 수리를 해야 하지만 계속 미루고 있다. 차고에는 지금 목재들이 가득 쌓여있다. 눈에 띄는 목재들을 수집해서 차고에 쌓아두고 무엇을 만들 수 있을지 생각하는 게 좋다. 각각의 목재에 얽힌 이야기까지 모두 풀어놓을 수 있을 정도로 애착을 갖고 있다.

스위스 체리 나무는 40년 전 라임하우스에 있는 목재 상인에게 샀다. 커다란 느릅나무 목재는 표면이 우둘투둘하고 자연적으로 생긴 결이 보인다. 이 무늬를 보고 인형 집 바닥의 아름다운 대리석 무늬를 만들 수 있겠다고 생각했다. 50년 전 네덜란드 느릅나무병이 발생하면서 유럽에서는 느릅나무가 멸종 위기에 처하게 되었고 이제 느릅나무 목재를 구하기 매우 힘들어졌다. 몇 년 전 뉴질랜드 크라이스트처치에 있는 식물원에서 훌륭한 유럽느릅나무―이 나무의 독특한 모양은 여름에 떠난 가족 소풍과 어린 시절 추억을 떠올리게 한다―를 발견했을 때 나는 침착함을 잃을 수밖에 없었다.

파마산 치즈처럼 커다란 원반 모양의 너도밤나무 목재도 있다. 이 목재에는 스펄팅이 있는데, 스펄팅이란 너도밤나무가 곰팡이에 감염되어 생기는 우아한 검은 줄 문양이다. 특히 선반으로 오목하게 다듬었을 때 더 매력적이다. 웨일스 중부의 한 계곡에서 쓰러져 있던 거대한 너도밤나무를 잘라 가지고 온 것으로, 움푹한 그릇을 만들기 위해 둥그런 원반 모양으로 잘라두었다. 하지만 집에 가지고 온 뒤로는 먼지와 거미줄에 뒤덮이고 나무좀이 갉아먹은 채 차고에 몇 년 동안이나 방치되었다. 지금 이 목재를 보고 있으면 고요하고 외진 계곡과 젖은 낙엽 냄새, 근처 개울이 흐르는 소리가 떠오른다. 꼭 원시 시대의 풍경 같았다.

켄트에 있는 농장에서 온 애플우드와 나에게 컨설턴트 자리를 넘겨준 신경외과 전문의의 정원에서 가져온 뽕나무 목재도 있다. 오랫동안 근무한 윔블던의 병원 정원에서 가져온 레바논 삼나무도 많다. 병원에서 주차장을 만들려고 정원에 있는 그 나무들을 모두 베어버렸다. 삼나무는 나방을 쫓는 아름다운 향기를 내뿜어서 수납 상자나 서랍의 안감으로 쓰기 훌륭하다. 삼나무는 몸집이 무척 거대한데, 다 자라면 아래 나뭇가지는 죽고 위쪽 가지가 거대한 우산처럼 펴진다. 한때는 중동에서 흔히 볼 수 있었던 나무다.

레바논을 방문했을 때 나무들을 보고 동물원 우리에 가둬 놓은 멸종 위기의 동물들이 떠올랐다. 나는 커다란 토분에 레바논 삼나무를 한 그루 키웠다. 이렇게 굉장한 생명체를 좁은 화분에서 키우는 게 조금 잔인한 것 같았지만 20년이 흘러 이번 봄에 초록 새싹을 틔운 것을 보니 꽤 잘 자라고 있는 것 같다. 뿌리가 화분에 꽉 찰 정도로 자란 이 나무는 현재 우산 모양으로 자라 거대한 분재 같은 모습이다.

몇 년 전에 사둔 코코볼로나 아프리카 블랙우드 같은 열대 지방 활엽수 토막들도 많았지만 아직 사용하지 못했다. 열대 우림이 훼손되면서 이제 이런 목재를 구할 수 없거나 엄두도 못 낼 만큼 가격이 비싸졌다. 나는 심지어 거의 50년 전에 현악기 제작자에게서 산 두꺼운 백단향 베니어판도 몇 장 갖고 있다. 그가 그것들을 어디서 구했는지는 알 수 없다. 주로 향수 산업에서 사용된다고 하는데 수년 동안 거래가 엄격히 통제되고 있다. 최근에 목공 하는 친구에게 일부 나누어주었다. 이제 향을 많이 잃긴 했지만 톱질과 사포질을 하고 나면 깊은 곳에 배어 있던 향이 다시 날 것이다.

이 목재들로 무엇을 만들 수 있을지 새로운 아이디어가 계속 샘솟는다. 문제는 지금까지 모아둔 목재의 일부라도 쓸 수 있을 만큼 살지 못할 거라는 사실이다. 전에는 수집한 목재들을 바라보는 일이 그저 즐거웠는데, 그 기쁨이 점점 사라지고 허무함을 넘어 병든 미래로 인한 불행함까지 느껴진다. 지금 무엇을 만들든지, 그 물건은 나보다 더 오래 남을 것이므로 살아남을 가치가 있는 물건만 만들어야 한다. 암에 걸린 지금, 공예가처럼 다음번에 더 잘 만들어야겠다는 변명도 할 수 없다.

파국화, 비관적 인내

AND FINALLY
Matters of Life and Death

병원은 누구를 위한
공간인가

점점 심해지는 전립선 증상들―세뇨, 급뇨, 빈뇨―
때문에 의사를 만나러 갈 계획이었으나 락다운이 시작되면서
연기할 수밖에 없었다. 락다운이 시행되는 동안 낯설고 힘든
일이 끊이지 않아서 신경 쓸 겨를이 없었다. 그렇게 동료 의사
에게 예약을 잡기까지 7개월이란 시간이 흘렀다. 퇴직을 하고
개인 의료 보험이 없지만 시간을 절약하기 위해 개인 병원을
방문하기로 했다.

직장 검사를 받아야 할 것 같았기에 나는 몸을 깨끗이 씻은
후 자전거를 타고 할리가를 지나며 미네랄워터 1리터를 벌컥
벌컥 마셨다. 병원에 도착하자마자 소변 검사를 할 수 있게 물

을 마시고 오라는 지시를 받았다. 아쉽지만 병원에 도착해서
도 소변 검사를 바로 할 수가 없어서 간호사가 수시로 문을 열
고 확인해야만 했다.

"아직이세요?" 그녀가 물었다.

마침내 화장실에 가고 싶어져서 방광을 비우기 위해 힘겨
운 시도를 기록하고 이와 관련된 검사를 진행했다. 이런 문제
를 안고 몇 개월 어쩌면 몇 년을 살았던 것이다. 검사가 끝나
자 카펫이 깔린 계단을 지나 진료실로 안내받았다.

참나무로 된 진료실 문은 거대한 위용을 뽐내고 있어서 선
뜻 문을 열고 들어가기 힘들었다. NHS도 아닌 헐리가에 있는
개인 병원 진료실이라는 사실이 믿기 힘들었다. 진료실은 매
우 넓었고 동료이기도 한 켄은 팬데믹 때문에 마스크를 쓴 채
로 거대한 책상 앞에 앉아 있었다. 2년 전 신장 결석으로 그에
게 수술받은 적이 있었다. 당시에 누구에게 진료받아야 할지
신중하게 고민했다. 이렇게 할 수 있는 것이 어쩌면 의사로서
누리는 가장 큰 이점일 것이다. 이것 외에는 아플 때 자신이
의사라는 사실이 별로 도움이 되지 않는다. 나의 경우에는 도
움은커녕 손해에 가까웠다.

우리는 잠시 수다를 떨었다. 그는 코로나가 있어도 큰 지장
이 없었다고 했다. 그러다 내 증상에 대해 논의했는데 그 과정

에서 내가 내 증상을 경시하거나 반대로 끝없이 집착하고 있다는 사실을 깨달았다.

"진찰을 해봐야 할 것 같아요." 그는 약간 미안해하며 말했다. 나는 직장 검사를 항상 두려워했다. 실제로 받아보니 특별할 것 없는 검사였지만.

"전립선이 약간 부어있네요." 내가 바지를 올리는 동안 그가 말했다.

"PSA는 받고 싶지 않은데요." 내가 말했다.

전립선특이항원prostate specific antigen을 의미하는 PSA 수치를 측정하는 검사다. 나이 든 남성들이 받기 꺼려하는데 전립선에서 분비되는 혈액 속 단백질을 측정한다. 대부분 남성들은 살면서 전립선이 서서히 커지는데, 7명 중 1명은 이것이 암으로 변한다. 이런 경우에 PSA 수치가 오른다. 물론 PSA 수치가 오르는 원인이 모두 암은 아니며 나이 든 남성은 수치가 약간 높게 나와도 별다른 문제가 없는 경우도 있다.

많은 남성에게 전립선암은 비교적 무해하다. 심각한 부작용 없이 암 때문에 죽는 것이 아니라 암과 함께 죽는 경우가 많다. 그래서 암을 치료해야 할지 말아야 할지 결정하기 힘들다. 위험 요소가 전혀 없는 치료법은 없기 때문이다. 만약 암이 분비선의 피낭 밖으로 퍼지지 않았다면 수술로 완전히 제거할 수 있지만, 수술로 발기부전이나 요실금이 생길 위험이 있는 데다가 수술의 위험을 무릅쓰는 게 나은 시점이 언제인지도 알기 힘들다. 하지만 분비선이 전립선 밖으로 퍼졌다면 몇 년 걸리겠지만 결국은 사망에 이르게 된다.

켄은 나더러 PSA 검사를 받으라고 설득했다. 나 역시 그의 조언을 구하기 위해 이곳에 왔다는 사실을 부인할 수 없었다.

"만약 암이라면 진행 중인 암이 아닌 이상 치료를 받고 싶지 않습니다." 내가 말했다.

되돌아보면 내가 얼마나 의도적으로 현실을 회피하려고 했는지 놀라울 정도다. 몇 년 동안 증상에 겁을 먹고 PSA 검사가 필요하다는 사실을 인정하지 않았다. 이제 어쩌면 너무 늦었는지도 몰랐다.

나는 자리에서 일어서며 말했다.

"은퇴하기 전에는 하고 싶은 일이라곤 수술밖에 없었어요. 물론 환자들을 보는 것도 좋아했지만 수술은 나에게 다른 어떤 것보다 더 큰 의미가 있었지요. 하지만 지금 은퇴하고 나니 수술실이 전혀 그립지 않아요. 이유는 잘 모르겠지만요. 혹시 꿀 좋아하세요?"

그는 꿀을 좋아해서 매일 아침 먹는다고 대답했고 나는 정원에서 직접 만든 꿀을 꺼내어 그에게 건네주었다.

나는 25년 동안 간헐적으로 전립선 증상을 겪었는데 처음에는 만성전립선염이라고 부르는 흔한 질환으로 시작했고 약간 창피한 마음에 전문가의 도움을 받지 않았다.

의대생이 되면 새로운 세계로 발을 디딘다. 바로 질병과 죽음의 세계다. 우리는 온갖 종류의 무서운 질병에 대해 배우면서 일반적으로 그런 병이 사소한 증상에서 시작된다는 것을 알게 된다. 그래서 많은 학생들이 몇 가지 사소한 아픔과 고통만 느껴도 치명적인 질병에 걸렸다고 믿는다. 이를 극복하려면 질병은 의사가 아닌 환자들에게만 일어나는 것이라고 믿어야 한다. 심기증을 갖고 살아가는 의사들도 있지만 대부분 의사들은 환자들과 자신을 분리하는 보호벽을 세운 채 일한다.

가끔 이런 믿음이 너무 확고한 나머지 불행한 결과가 발생할 때도 있다. 암을 진단받은 많은 의사들이 말하길, 초기 증상을 너무 오랫동안 무시하고 합리화하는 바람에 이미 중증으로 진행된 경우가 많다고 한다. 이런 현상에 대해 잘 알고 있었음에도 불구하고 나 역시 그런 우를 범하고 말았다. 전립샘증―빈뇨, 잔뇨감이나 배뇨 곤란 등―은 대부분 나이 든 남성에게 발생한다. 의과대학에서 학생들은 진단 여과라고 부르는 절차를 배운다. 모든 증상들은 다른 병리학에 의해 발생하는 것일 수도 있다. 이를 나타내는 약어가 MIDNIT인데,

대사성metabolic, 염증성inflammation, 퇴행성degenerative, 종양성 neoplastic, 감염성infection, 트라우마성trauma을 의미한다. 종양은 양성일 수도 있고 악성, 즉 암일 수도 있다. 전립선염은 초기 단계에서 암과 구분하기 힘들다. 이론상으로 이를 잘 알고 있었지만 너무 오랫동안 회피했다. 나는 의사였고―은퇴한 의사이긴 하지만―질병은 여전히 내가 아닌 환자들에게 일어나는 일이었다.

간단한 PSA 피검사를 통해 PSA 수치가 127이 나왔다고 했을 때 정말 믿을 수가 없었다. 전립선암을 앓는 남성의 4퍼센트만이 100이 넘는 PSA 수치를 보인다. 암에 걸려도 대부분은 수치가 20 아래다. 겁에 질려 정신없이 구글에 검색해보니 PSA 수치가 100이 넘는 대부분의 남성은 몇 년 안에 사망할 것이라고 했다.

켄은 런던 중심부에 있는 유명한 NHS 암 센터인 왕립 마스덴 병원으로 나를 연결해주었다. 병원은 집에서 9킬로미터 정도 거리에 있었는데, 자전거를 타면 압력 때문에 PSA 수치가 올라갈 수도 있다는 글을 읽고 병원까지 걸어갔다. 첫 번째 PSA 검사 결과가 나에게 내리는 사형선고가 아니길, 부디 잘못 나온 것이길 바랐다.

40년 전 아들 윌리엄이 생후 3개월이 채 안 되었을 때 위중

한 뇌종양에 걸렸고, 당시 아내와 나는 불안함이 너무 커져 바깥세상은 존재하지 않는 것 같았다. 병실 밖의 세상이 온통 비현실적이고 무의미하게 느껴졌고 우리가 유령이 된 것처럼 느껴질 때도 있었다. 주변 사람들은 모두 행복하고 걱정 없는 삶을 사는 것 같아서 그들이 부러웠다. 하지만 70세의 나이에 내 생명이 위태로워지자 정말 놀랍게도 암 센터를 걸어 다니며 마주치는 모든 사람에게 깊은 연민과 공감을 느꼈다. 질투심은 조금도 없었고 그들도 내가 살았던 것만큼 좋은 삶을 살기를 바랐다.

마스덴 병원에 가기 위해 완들강 산책길을 따라 템스강을 향해 걸었다. 한 젊은 여성이 둑 옆에서 낚시를 하고 있었다.

"물고기가 좀 잡혔나요?" 그녀에게 물었다.

"아니요." 그녀가 대답했다.

"지금 강에는 강송어가 있는데 저는 강송어에는 흥미가 없어서요"라고 덧붙였다.

그녀와 잠시 대화를 나누다가 얼스필드 철도역을 지나 템스강으로 걸어갔다. 거기서부터 템스 자연 탐방로로 연결되어 있었고 강 너머로 새로 지은 높은 아파트 건물들이 줄지어 있었다. 나는 성큼성큼 걸으며 특별히 광을 낸 값비싼 브로그 부츠를 한 번씩 내려다봤다. 모든 것이 실수로 판명 날 것이라고 되뇌었다. PSA 수치가 그렇게 높았던 것은 검사받으러 가는 길에 자전거를 타서 그랬을 것이다. 자전거를 타는 만성전립선염을 앓는 70세 남성에 대한 연구는 없었을 테니 말이다. 보기 좋게 광택이 나는 부츠를 한 번씩 바라보면서 꿈같은 이야기를 되뇌며 장난감처럼 생긴 알버트 브릿지를 건너 첼시의 화려한 거리를 지나 마침내 병원에 도착했다.

왕립 마스덴 병원(예전 직장에서 우리는 마스 바Mars Bar라고 불렀다)은 1851년 세계 최초 암 병원으로 설립되었으며 설립자의 이름을 따서 병원의 이름을 지었다. 2년 전에 이곳에서 연례 추모 강연을 한 적이 있다. 나 역시 이 병원의 신경외과 의사로 근무했고, 그전에는 그들이 내가 근무하는 병원으로 보낸 암 환자들을 수술하기도 했다. 여러모로 마스덴 병원은 꽤 익숙한 곳이었다.

여느 병원처럼 마스덴 병원의 긴 복도는 밝은 불빛으로 환했지만 창문은 없었다. 벽에는 많은 경고 문구와 함께 감동적인 예술품도 몇 점 걸려 있었다. 모든 것이 티끌 하나 없이 깨끗했다. 외래환자 대기실은 내가 근무하던 병원보다 더 밝게 꾸며져 있었고 기다리는 사람도 거의 없었다. 다음 주에 방문할 초음파 검사 대기실은 솔직히 아주 멋지기까지 했다. 무거운 스캐너를 어떻게 운반했는지는 모르겠지만 위층에 스캐너가 있었고 대기실에는 커다란 채광장이 있었다. 스캔 검사를 처음 받으러 갔을 때는 비가 내리고 있었다. 안타깝게도 옆에는 항암 치료를 받고 얼굴이 일그러진 환자들도 있었지만, 짙은 구름 아래로 내리는 비에 반짝이는 지붕의 슬레이트를 바라보니 기다리는 것도 기분 좋은 철학적 경험처럼 느껴졌다.

오데사에 있는 한 병원에서 수술을 하기 위해 우크라이나에 방문한 적 있다. 슬롯머신 공장을 개조한 개인 병원이었다. 우크라이나 정부는 도박 기계 제작을 금지했고 그로 인한 문제는 공장 주인들이 오롯이 떠안게 되었다. 그들은 공장을 개인 병원으로 개조했는데 그래서인지 여태껏 본 병원 중 가장 창문이 적었다. 병원은 여전히 공장 같은 느낌이 났지만 아주 하얗고 깨끗했다. 환자들이 머무는 병실에도 창문은 없었다. 지하 공간의 벽 전체에 나무 사이로 해가 뜨는 모습을 역광으로 찍은 사진이 걸려 있었는데 다행히 이 사진으로 칙칙한 공간의 분위기가 완전히 바뀌었다.

이에 영향을 받아 나도 창문 없는 대기실에 비슷한 사진을 벽에 걸고 싶어졌고 병원 경영진의 동의하에 환자들의 기부금으로 풍경 사진작가인 찰리 웨이트Charlie Waite의 작품을 걸게 되었다. 몇 년 전에도 신경외과 병동에 그의 작품을 여러 점 걸어놓았었다. 본래는 마크 로스코Mark Rothko의 추상화 모작이 있었는데 보라색과 어두운 자주색을 띤 추상화가 환자들의 불안과 무력감을 더 악화시키는 것 같았다. 환경심리학자인 로저 울리히Roger Ulrich의 연구에 따르면, 아픈 사람이 병원에 있을 때 보고 싶어 하는 것은 밝은 풍경 사진 혹은 웃는 얼굴이라고 한다.

과거에도 병원 환경을 개선하려고 시도한 적 있었는데 그때는 어느 누구의 승인도 받지 않고 진행하는 바람에 곤란한 상황을 겪었다. 나 혼자서 어느 주말 망치와 못을 들고 가서 찰리 웨이트의 커다란 풍경 사진을 여러 점 걸었던 것이다. 당시 병원 건물은 민간투자개발사업으로 지어졌고 건물 소유자도 민간개발업체로, 그 업체가 이 건물을 NHS에 빌려준 것이다. 운이 좋게도 그때 건물 관리자와 잘 아는 사이였고 그의 아들을 치료해준 적도 있어서 허락 없이 그림을 건 행동은 다행히 용서를 받았다. 그때 병원 복도에 걸어놓은 사진이 누군가에게 영향을 주었는지 아니면 누군가의 눈에 띄기라도 했는지 알 수 없지만, 나는 병원에 갈 때마다 그 사진들 보는 것을 좋아했다.

병원에서 일어나는 많은 일들—통제, 환자복, 어디에나 붙어 있는 안내문—은 병원 직원과 환자 사이의 거리를 강조하고 직원들이 지나치게 감정이입이 되는 것을 막기 위해 필요한 요소라 하지만 그것은 환자들을 돕기 위한 것이 아니다. 병원은 교도소와 다를 게 없는 시설이다. 내가 입고 있던 옷을 빼앗아 가고 번호를 부여받으며 좁고 밀폐된 공간에 갇힌다. 일단 병원에 입원하면 병원의 명령을 따라야만 한다. 인류학자인 아내 케이트는 환자들이 재소자들과 정확히 같은 질문을 서로 한다고 했다.

"뭐 때문에 들어오셨어요?"

나는 케이트를 만나고 나서야 병원이란 곳을 제대로 이해하게 되었다. 인류학자로서 그녀는 부끄럽게도 내가 한 번도 알아채지 못한 것들을 매우 날카롭게 꿰뚫어 보고 있었다. 병원에서 결코 누릴 수 없는 것이 평온과 휴식, 고요함이며 환자가 되는 것은 본질적으로 무력하고 굴욕적인 경험이라고 지적했다. 19세기부터 운영되던 병원—내가 오랫동안 근무했던 윔블던의 앳킨슨 몰리 병원—이 문을 닫게 되었을 때 나는 케이트를 처음 만났다. 우리 부서는 규모가 큰 교육 병원에 있는 새로운 건물로 옮겨갔다. 차이는 극명했다.

병원hospital이라는 단어는 손님을 의미하는 라틴 단어 호스페스hospes에서 유래되었다. 중세 초기에 스피탈spitals은 주로 수도원에서 운영하는 유랑자들이나 아픈 사람들, 가난한 사람들을 위한 도피처였다. 그곳에서는 성스러운 미사를 하는 것이 의료 처치를 받는 것만큼 중요했다. 최초의 병원은 15세기 말 밀라노의 건축가 필라레테가 지었다. 이 건물은 교회처럼 십자형 구조로 지어졌기 때문에 병상에 누운 모든 환자들이 교차랑(십자형 구조 건물의 가운데 부분)에서 예배를 볼 수 있었다. 사망한 환자들은 교차랑 아래 지하실에 안치되었으나 견디기 힘든 악취 때문에 별도의 묘지를 마련해야 했다. 감염이 신체 접촉보다 불결한 공기에 의해 퍼진다고 주장하는 미아스마설miasmatic theory이 만연했음에도 불구하고 초기 병원들은 고약한 냄새를 풍겼다.

19세기에 플로렌스 나이팅게일이 등장하고 나서야 병원들은 특유의 형태로 발전하기 시작했다. 그녀는 미아스마설을 확고히 믿었고 잘못된 이유이긴 했지만 영국의 병원 체계에 중요하고 유익한 영향을 미쳤다. 앳킨슨 몰리 병원(약칭 AMH로 알려져 있다)은 신선한 공기와 햇빛의 중요성을 강조한 곳이다. 천장이 높고 창문이 큰 나이팅게일 병원으로, 윔블던 지역이 들판과 정원에 둘러싸여 있던 시절, 병원이 치료를 위한 공장이 되기 전에 지어진 곳이다. 병원에는 마구간과 세탁소, 직원 숙소도 있었다. 이런 시설은 점차 사라지고 일부 토지는 개발을 위해 팔렸지만 내가 이곳에서 일할 때까지만 해도 여전히 주변 들판에는 레바논 삼나무와 참나무들이 가득했다.

병원은 3층짜리 건물이었고 직원들도 200명이 채 되지 않았다. 휴먼 스케일에 맞춰 지어진 건물이었다. 나는 동료 의사들뿐만 아니라 모든 간호사와 물리치료사, 수위, 청소부와도 잘 알고 지냈다. 모든 직원들은 환자들에게 책임감과 진정한 소속감을 갖고 있었다. 병원은 놀라울 정도로 효율적이었다. 나는 하루에 3~4건의 중요한 수술을 진행했는데 지금으로서는 상상할 수 없는 일이다.

인간은 부족 동물이다. 인간은 비교적 작은 그룹에 속해 있을 때 가장 행복하다. 나는 그 병원에서 복도에서 마주치는 모든 사람을 다 알고 있었다. 집에 있는 듯한 기분이었다. 하지만 새로운 건물에 들어가자 얼굴을 아는 사람은 한 명도 없었다. 소속감이 생기지 않았다. 모두가 각자의 오아시스로 돌아가기 바빴다. 나는 오래된 병원의 특색을 새 건물에서 재현해보기 위해 최선을 다했다. 수련의들이 지내는 대기실에 아프간 러그를 깔고 침대와 안락의자를 들여놓았으나 얼마 후 경영진들이 화재 위험이 있다며 모두 치워버리고 딱딱한 사무실 가구를 들여놓았다(안락의자에는 내화성이라고 적혀 있었지만 어쨌든 선택권이 없었다). 꽤 품질이 좋은 아프간 러그도 사라졌다. 병원이 있던 오래된 건물 자리에는 외부인 출입이 통제되는 럭셔리한 주택과 아파트가 들어섰다.

새 건물에 들어선 병원에는 병실 밖에 너른 발코니가 있었
다. 발코니를 보면 몸을 던지고 싶은 환자가 적지 않을 것이므
로 환자들은 발코니에 나갈 수 없었다. 몇 년 동안 경영진에게
건의하고 동료 의사들과 기부금을 모은 끝에 두 개의 신경외
과 병실 밖에 있는 발코니를 자살을 방지할 수 있는 공간으로
바꾸고 환자들이 바로 나갈 수 있는 치유의 공간으로 만들었
다. 환자들이 짧게라도 감옥에서 탈출하여 하늘과 푸른 나무
들을 볼 수 있도록 말이다. 발코니에 서면 4.5미터까지 자란
우아한 사이프러스 나무들이 보인다. 덩굴 식물들이 병원 벽
을 타고 자라고 있으며 나무들 사이로 의자나 소파, 일광욕 의
자들도 놓여 있다. 투팅의 아름다운 풍경을 누릴 수 있는데 상
상하는 것보다 훨씬 멋진 풍경이다.

요즘은 많은 병원에 치유 정원이 있지만 대부분 병실과 멀
리 떨어져 있다. 환자들은 소변 주머니와 링거 거치대를 끌고
오래 걷지 못하므로 치유 정원을 자주 이용할 수 없다. 신경외
과 병동에 정원을 조성한 것은 어쩌면 내가 한 어떤 일보다 많
은 사람들에게 안도감과 행복을 주었을 것이다. 지금은 고인
이 된 한 환자의 가족이 운영하는 자선단체가 정원을 돌보고
있으며 이 건물의 다른 발코니들도 모두 정원으로 바뀔 계획
이다. 비용은 많이 들겠지만 병원에 갈 때마다 푸른 식물이 가

득한 벽을 보는 일은 아주 멋진 경험이 될 것이다.

인간은 살아 있는 자연에 둘러싸여 있을 때 가장 행복하도록 진화되었다는 사실을 과학적으로 증명하기는 힘들다. 내 친구 중에는 꽃이나 나무, 자연에 전혀 관심 없는 뉴요커도 있다. 그러나 인간은 깊은 내면에서 자연을 향한 사랑을 느끼도록 태어난다고 생각한다. 그런데 왜 대부분의 병원에서는 자연을 찾아볼 수 없을까? 왜 호스피스에서 죽어갈 때만 인생에 정원과 꽃, 나무들을 다시 들여오는 것일까?

이 질문에 대해 오래 생각해보았다. 이에 대해 간단한 정답은 없지만, 분명한 것은 건물이 지어진 후에 환경을 개선하기는 매우 힘들다는 사실이다. 특히 좁은 도시에 지어진 건물은 더 그렇다. 건물을 짓기 전부터 개선 사항을 계획해야 하는데 이런 경우는 매우 드물다. 건축계에 널리 알려진 속설 중에 성공적인 건물의 비결은 많은 정보를 가진 의뢰인이라는 말이 있다. 부실한 건물을 건축가의 탓으로 돌리기 쉽지만 궁극적으로 건물의 질은 건축을 의뢰한 사람들에 의해 결정되는 것이다.

그렇다면 병원의 의뢰인은 누구인가? 환자? 경영진? 의사나 간호사? 정부? 병원 경영진이나 의사들이 좋은 설계의 중요성을 간과하고 관심이 없는 모습을 보면 깜짝 놀랄 정도다.

그들은 병원을 마치 기계 장치처럼 생각하는 듯하지만, 건물에 들어가는 비용 중 적어도 75퍼센트는 그 건물에서 근무하는 직원들에 들어가는 비용이다. 신경을 써서 더 훌륭한 건물을 짓는다면 직원들은 더 효율적으로 일할 수 있고 따라서 장기적으로 돈을 절약하게 되고 환자들도 더 빨리 회복할 것이다. 안타깝게도 NHS에는 이런 장기적인 사고가 빠져 있다. 병원에는 환자를 존중하는 마음으로 대하라는 안내문이 여기저기 붙어 있음에도 불구하고 환자들은 여전히 약자로 취급되며 병원 환경을 개선하려는 노력은 돈 낭비로 여겨진다. 환자들을 정말로 존엄과 존경으로 대했다면 애초에 이런 안내문은 필요하지 않았을 것이다.

마스덴 병원에 도착하여 웃음기 없는 접수원의 안내를 받고 나서 전립선암, 직장암, 유방암, 췌장암 등 다양한 종류의 암과 함께하는 삶에 대한 팸플릿 진열대 앞에 앉았다. 팸플릿 표지에는 건강해 보이는 노인들이 과하다 싶을 정도로 환하게 웃고 있었다. 그들이 모델인지 아니면 실제로 암을 앓고 있는 환자인지 궁금해졌다. 곧 간호사가 왔고 키와 몸무게를 쟀다. 키는 젊었을 때보다 5센티미터나 줄어들었고, 몸무게는 딱하게도 우리 집에 있는 체중계보다 5킬로그램 더 나갔다. 소변검사도 다시 해야 했다. 좁은 방으로 안내받았고 나는 플라스틱 컵에 담긴 물을 여러 잔 마신 후 아이처럼 특별한 장치를 갖춘 화장실로 따라갔다.

몇 분 후 소변보는 것이 힘든 증상을 객관적으로 측정하여 판독한 결과지를 손에 쥐었다. 간호사는 다소 못마땅한 표정으로 그것을 힐끗 바라봤다. 내가 충분히 노력하지 않은 건가 싶었다. 마치 노쇠의 시기에 접어들어 배변 훈련을 다시 받는 것 같은 기분이었다.

탐탁지 않아 하는 간호사를 따라 다시 옆방으로 갔다. 그녀의 풍성하고 검은 머리는 허리까지 내려와 있었다.

"헤어스타일이 멋지네요." 내가 말했다.

"기부하려고 머리카락을 기르는 중이에요." 그녀가 답했다.

"항암 치료받는 여성들을 위한 가발을 만드는 데 기부하고 싶어서요."

아무 설명도 하지 않은 채 간호사는 방을 나서며 곧 의사가 진료하러 올 것이라고만 얘기했다.

잠시 후 종양전문의가 들어왔다.

"이런 일로 뵙게 되어 유감이라는 말씀부터 드리고 싶습니다." 그가 말했다.

호의를 담은 말이었지만, 우리 관계가 다소 우울하게 시작되는 것 같아 불길한 예감이 들었다. 우리는 몇 분 동안 대화를 나눴고 그는 암이 넓게 퍼졌는지 알아내기 위한 다양한 스캔 검사를 실시하겠다고 나를 안심시켰다.

"제 PSA 수치를 봤을 때 암이 퍼졌을 확률이 어느 정도 됩니까?" 내가 물었다.

"70퍼센트입니다." 그가 내 눈길을 피하며 대답했다.

나는 희망을 갖고 자전거가 PSA 수치에 미치는 영향에 대해 물었다.

"아주 울퉁불퉁한 길에서 자전거를 타고 160킬로미터를 가면 수치가 1정도 올라간다고 생각하시면 됩니다"라고 말했다.

나는 의사이기도 했지만 불안해하는 환자이기도 했기에 나의 미래에 대해 물어보는 것이 조심스러웠다. 좋지 않은 소식을 듣게 될까 봐 걱정하면서도 좋은 일이 일어나길 바라게 되었다.

"의사로서 얘기해주세요. 저는 환자들에게 암에 대한 소식을 전할 때 기운을 잃지 않는 이야기도 함께 전했습니다." 내가 그에게 말했다.

"우리 병원에서는 그런 식으로 진행하지 않습니다." 그는 아리송하게 대답했다.

돌이켜보니 내가 그에게 상반되는 메시지를 전달했다. 나는 진실을 듣고 싶으면서도 희망을 얻고 싶었다.

그는 금방이라도 자리를 뜨려는 듯 의자 끄트머리에 걸터앉아 무릎에 종이 한 장을 올려놓고 무언가를 받아 적고 있었다. 나는 그 상황이 어색했고 말이 잘 나오지 않았다. 모든 사람이 종양전문의를 처음 만나면 던지는 질문이 내 입에서도 나오고야 말았다.

"저에게 시간이 얼마나 남았습니까?"

PSA 수치가 130이라는 사실만 고려했을 때 5년 후에도 살아 있을 확률이 얼마나 되는지 물었다. 사실 나는 답을 알고 있었다. 30퍼센트였다. 하지만 그는 그렇게 대답하지 않았다.

그는 "5년 안에 유언장 쓰실 일은 없습니다"라고 말했다. 물론 현실적으로 그는 나에게 어떤 일이 일어날지 알 수 없다. 이 사실을 알고 있지만 유치하게도 내가 괜찮을 거라는 말을 듣고 싶었다. 그는 생존할 확률 정도만 알려줄 수 있는데 나에게 알려주길 주저하는 것 같았다. 환자들은 확실한 대답을 원하지만 의사들은 불확실한 상황만 다루기 때문이다.

"환자분에 대해 더 알아볼까요?" 그가 말했다. 나는 체력관리를 하는 것과 글 쓰는 일을 중요히 여긴다고 말했다.

"1년에 책을 한 권씩 쓴다면 5권은 더 쓰실 수 있을 거예요." 그가 웃으며 말했다.

나를 안심시키려 한 말이었겠지만 나는 그가 글쓰기의 어려움을 과소평가하는 게 분명하다고 생각했다.

"호르몬 치료가 인지 능력에 영향을 줄 수 있다는 글을 읽었습니다." 나는 조심스럽게 입을 열었다.

"약간 둔해질 수는 있어요." 그는 자세한 설명 없이 간단한 대답만 내놓았다.

그가 치료의 부작용에 대해 자세히 설명해줄 수 있었지만, 만약 그랬다면 더 불안해져서 받아들이지 못했을 것이다. 의사로서 나는 환자들이 의사가 하는 얘기의 일부분만 듣는다는 것을 알고 있다. 특히 첫 번째 진료 때는 더 그렇다.

그는 나에게 팀원들을 만나는 것에 대해 뭐라고 얘기한 후 자리를 떠났다.

환자에게 확률은 중요하다. 어떤 암 전문의들은 절대 환자들에게 생존율을 알려주지 않는다고 한다. 환자들은 한 개인으로서 각자 자신에게 어떤 일이 일어날 것인지 알고 싶어 하지만, 의사는 같은 진단을 받은 100명의 환자에게 통상적으로 일어나는 일을 알 뿐이다. 정해진 몇 년이 지난 후에 그중 몇 퍼센트의 환자들은 여전히 살아 있을 것이고 나머지 환자들은 세상을 떠날 것이다. 환자 개인이 둘 중 어떤 그룹에 속할지는 알 수 없다. 의사는 환자가 마지막 순간을 맞이하기 전까지 환자가 얼마나 살 수 있을지 절대 알지 못한다.

외과 의사로서 일했을 때를 돌아보면, 가끔 암 수술을 맡을 때도 있었는데 그때 나도 생존율을 잘 언급하지 않았던 것 같다. 악성 신경 교종(뇌암)은 수술과 방사선 치료를 받아도 1년 안에 사망할 확률이 최소 50퍼센트이고, 5년 차에 생존한 환자들은 고작 5퍼센트에 불과하다.

그런 환자들에게는 '만약 특별히 운이 안 좋으면' 6개월 안에 사망할 수 있고, '특별히 운이 좋으면' 몇 년 동안 생존할 수 있다고 말했다. 대부분 종양은 이 양극단 사이에서 되풀이되며, 추가 치료로 큰 성과를 거두지 못할 수도 있다는 사실은 얘기하지 않고 추가 치료를 받을 수 있다고만 설명하곤 했다. 당시 나는 이렇게 말하는 것이 꽤 좋은 방법이고 희망과 현실 사이에서 균형을 찾는 방식이라고 생각했다. 하지만 구글과 인터넷의 시대에 이것이 여전히 좋은 방법일지는 모르겠다.

암을 진단받기 두 달 전, 절친한 친구이자 도예가인 필 로저스가 악성 신경교종을 진단받았다. 그의 아내인 하정은 불과 며칠 만에 일어난 일에 절망하여 나에게 전화를 걸었다. 그녀는 지역 병원에서 이를 심각한 문제로 여기지 않는다고 말했다. 코로나가 한창인데다가 보통 종양이 뇌의 전두엽에 영향을 미치는데, 친구가 이에 대한 지식이 없을 수밖에 없는 터라 더 힘든 상황이었다. 지역 보건의에게 뭐라고 얘기해야 하는지 그녀에게 알려주었고, 뇌스캔 검사를 받아야 한다고 말했다.

놀랍게도 뇌스캔에서 치명적인 뇌종양 중 하나인 나비 신경교종butterfly glioma이 발견되었다(스캔에서 보이는 종양의 모양이 나비를 닮았다고 해서 지어진 이름이다). 이 종양은 뇌량—두 대뇌 반구를 연결하는 수백만 개의 신경 섬유—에서 시작된다. 종양은 우뇌와 좌뇌로 빠르게 퍼져 몇 주 만에 혼란과 치매를 일으킨다. 이런 종양을 가진 모든 환자는 몇 달 안에 사망하며 치료의 효과도 미미하다. 고용량의 스테로이드는 일시적으로 증상을 완화시키지만 몇 주 안에 효과가 사라진다.

나는 항상 이런 뇌종양에 걸리면 어떤 치료도 받지 않겠다고 생각했다. 몇 주 동안 스테로이드는 복용할 수 있겠지만 방사선 치료나 수술은 절대 받지 않겠다고 다짐했다. 종양에 대한 표준 치료법인 것은 맞지만 이런 치료법이 효과 있다고 생각하는 신경외과 의사는 없다. 하정과 필에게 의사의 조언을 받아들이라고 말했다. 예상대로 병원에서는 조직 검사와 방사선 치료를 제안했다. 그들은 웨일스 중부의 외딴곳에 살고 있기 때문에 병원까지 먼 거리를 여러 번 통원해야 했다.

나도 직접 경험하여 알게 된 것이지만, 병원까지 치료받으러 가는 과정이 실제 치료받는 것보다 더 힘들 때가 있다. 치료를 받으면 필에게 남은 짧은 시간마저 앗아갈 수 있다는 걸 알고 있었지만, 어떤 치료도 효과가 없을 거라는 말은 차마 할 수 없었다. 몇 달간의 희망일지라도 부부에게서 희망을 빼앗고 싶지 않았다. 나는 그들에게 종양이 치명적일 수 있고, 앞으로 몇 주가 가장 컨디션이 좋을 유일한 시기이므로 그때를 최대한 누려야 한다고 얘기했다. 만약 운이 좋다면 몇 달 동안 더 건강할 수 있다고 말했다.

그는 이 모든 것을 놀라울 정도로 침착하게 받아들였다.

"어쩔 수 없지, 뭐." 그가 말했다.

이것이 극기심에서 나오는 태도인지 전두부 뇌 손상 때문인지 알 수 없었다. 세계적인 도예가인 필의 작품은 세계의 여러 박물관에 전시되어 있다. 그가 작품을 보관하는 창고는 마치 〈알라딘〉에 나오는 동굴 같아서 그를 방문할 때마다 아름다운 작품이 가득한 동굴을 탐험하는 것 같았다. 나는 그가 만든 항아리도 여러 점 구입했다. 그는 아프기 직전에 장작을 쓰는 가마에 도자기를 구웠다. 장작을 쓰면 결과물을 예측하기 힘들다고 한다. 가마의 불이 48시간 동안 일정하게 유지되어야 하는 데다가 온도를 조절하기 힘들기 때문이다. 며칠 후 가마가 식은 다음 문을 열었을 때 어떤 작업물이 완성되었을지 설렘과 불안이 공존한다.

필은 나와 대화를 나누고 며칠 후 가마를 열었다.

"지금까지 구운 것 중 최고야." 그가 말했다.

"이 작품이 마지막이 될지도 모른다는 게 아이러니하지만. 이게 아내를 위한 비상금이 되어 줄 테니까 그걸로 됐어."

대단히 훌륭한 작품이었다. 그가 세상을 떠난 후 하정은 그가 마지막으로 구운 도자기들을 모두 창고에 보관했는데 얼마 안 있어 도둑이 들었다. 하정은 작품을 사진으로 남겨놓거나 목록을 만들어놓을 시간이 없었기 때문에 정확히 어떤 작품을 도난당했는지도 알 수 없었다. 이후에 그녀는 필이 마지막으로 구운 작은 화병을 나에게 선물로 주었다. 회색빛의 유약 자국이 남은 아름다운 작품은 지금 내 책상 있다. 이 화병을 볼 때마다 물레 위에서 도자기를 빚는 그의 손을 떠올린다.

미래에 대한 불확실성과 가까이 다가온 죽음을 생각할 때는 고통에 빠져 희망과 절망 사이를 미친 듯이 오간다. 그리고 과거에 환자들과 나눈 얘기들이 그들에게 어떤 영향을 미칠지에 대해 얼마나 무관심했었는지 깨닫는다. 혹시 내 목소리 톤이 너무 비관적이어서 환자가 얼마 남지 않은 시간 동안 죽음만을 떠올리며 깊은 우울감에 빠지진 않을까 고민한 적은 있다. 그래서 나는 환자에게 진실을 말해주면서도 희망을 앗아가지 않기 위해 적절한 지점을 찾으려 애썼다.

환자가 세상을 떠나고 나면 환자의 가족들과 얘기할 기회가 많지 않기 때문에 당시 환자에게 얘기했던 방식이 적절했는지 아닌지 알 방법이 없다. 내가 환자가 되어 경험해보니 헛된 희망—부정의 또 다른 이름—이 아예 없는 것보다는 낫지만, 의사가 환자에게 말을 전달할 때 진실과 희망 사이에서 적절한 지점을 찾기란 정말 쉽지 않다.

종양전문의가 팀원들을 만나라고 하는 얘기를 내가 오해한 게 분명했다. 간호사가 들어와 이제 돌아가도 좋다고 말했을 때 나는 오늘 팀원들을 만나는 것인 줄 알았다고 말했다. 그러자 간호사는 미심쩍은 얼굴로 나를 바라보더니 마지못해 확인을 해주려고 옆방으로 들어갔다. 문이 열린 틈으로 종양전문의가 컴퓨터 모니터 앞에 앉아 다른 동료 의사들과 웃으며 대화를 나누는 모습을 보았다. 간호사가 돌아왔다.

"집으로 돌아가셔도 될 것 같아요." 그녀는 이 말만 전하고 나갔다.

내가 반대편의 세계로 넘어왔다는 것을 실감했다. 나는 그냥 또 다른 환자, 전립선암을 앓는 노인이 된 것이다. 이런 대우를 받으면 안 된다고 주장할 권리가 나에겐 없다는 것을 깨달았다.

의사에게
미처 하지 못한 질문

교과서에는 불치병 진단을 받아들이는 데 몇 가지
단계를 거친다고 나온다. 불신의 단계, 공포와 부정을 반복하
는 단계, 지푸라기라도 잡으려는 단계, 협상, 분노, 절망의 단
계를 거쳐 마침내 현실을 받아들인다. 아마도 실제 사람들의
반응은 이처럼 단순하지 않겠지만 나는 너무 늦게 병원을 찾
은 나 자신을 탓하는 혹독한 시기를 겪었다. 눈물을 펑펑 쏟으
며 스스로를 저주했고 나의 어리석음 때문에 일어난 일을 케
이트에게 사과하고 또 사과했다. 그럼에도 '왜 이런 일이 나에
게?'라는 질문은 던지지 않았다. 의사로서 나는 이 질문에 대
한 매우 단순한 답을 알고 있었기 때문이다. '나에게 일어나지

않으면 안 될 이유는 없다.'

한밤중에 침대에 누워 어서 죽어서 모든 게 끝나버리길 바라는 동시에 이 현실이 정말 터무니없다는 것을 깨달았던 때가 기억난다. 나는 죽음이 두려워서 죽길 바랐던 것이다. 이렇게 한 두 시간을 보낸 후 갑자기 잠이 들었다. 아마도 동정 피로증compassion fatigue을 느낀 것 같다.

하지만 이렇게 고통스러운 과정을 겪으며 몇 가지 긍정적인 깨달음도 얻었다. 70세의 나이에 내 삶은 어떤 의미에서 보면 완전했다. 삶을 돌이켜 보았을 때 성공적인 삶이라고 느낀다. 더 이상 이루어야 할 일이 없었다. 세 아이들은 모두 중년에 가까워지고 있고, 건강하며 각자 잘 살고 있다. 사랑하는 손녀도 세 명 있다. 유감스럽게도 손녀들이 어른이 되는 모습은 못 보겠지만 말이다. 한 마디로 나는 생물학적 목적을 이행했고 진화의 측면에서 더 오래 살아야 할 이유가 없다.

나는 좋은 시기, 좋은 장소에서 태어났을 뿐만 아니라 부모님에게 지금과 같은 교육을 받을 수 있었던 것 모두 정말 운이 좋았다. 성공은 노력보다는 운에 더 좌우되는 것이며(물론 노력은 필수다), 열심히 일하는 능력을 갖추는 것 자체가 운의 문제이고 특정한 종류의 노고가 보상받는 사회에 사는 것도 운의 문제이므로 모두가 누릴 수 있는 것이 아니다. 나는 내 일에서 충분히 인정받을 만큼 성공을 거두었다. 세계 곳곳을 여행했고 산과 사막, 정글, 많은 유명 도시들을 방문했으며 여러 국가에 친구들이 있다. 이제 더 여행하고 싶은 곳이 없다.

손녀들을 포함한 후손들도 내가 누렸던 많은 기회를 누릴 수 있을지는 모르겠다. 나는 많은 실수를 저질렀고 내 열정과 야망으로 다른 사람들을 짓밟기도 했다. 모든 일을 직접 하겠다는 결심에 너무 많은 시간과 에너지를 쏟았다. 내가 만든 지붕들은 비가 올 때마다 모조리 물이 샌다. 그럼에도 나에게는 사랑하는 가족과 정말 좋은 친구들이 있다. 내가 더 살아야 할 가장 중요한 이유는 아내 케이트와 가족, 친구들을 위해서다. 인간은 완전히 사회적인 동물이다. 진정한 행복은 다른 사람을 행복하게 만들 때 얻는 것이라는 생각이 든다.

미래의 행복은 아직 일어나지 않았고, 일어나지도 않은 미래의 행복을 내가 죽은 후 누리지 못할까 봐 걱정하는 것이 무의미하다는 것도 안다. 이미 나는 햇볕의 따스함을 충분히 누렸다. 이제 다음 세대가 그 따스함을 누릴 차례다.

하지만 젊은 사람이 세상을 떠나야 하는 것은 매우 다른 이야기다. 수련의였을 때 가장 처음 맡았던 환자 중에 대니얼이라는 20대의 아일랜드인이 있었는데, 그는 고착골반이 있는 대장암으로 세상을 떠났다. 암은 방광과 아래쪽 창자까지 전이되어 기능을 하지 못했다. 그의 병실은 로열 프리 병원 10층에 있었는데, 햄스테드 힐에서 런던 중심부를 내려다보는 전망이 멋진 곳이었다.

"거리에 걸어 다니는 저 사람들 말이에요." 그는 괴로움과 절망에 갈라진 목소리로 말했다.

"저 사람들은 계속 살아갈 수 있는데 왜 저는 죽어야 하죠?"

죽어가는 환자들과 어떤 대화를 나눠야 할지에 대한 어떤 조언이나 가르침을 받은 적 없었고 의사가 된 지 겨우 몇 주밖에 되지 않았을 때였다. 그의 말에 어떤 대답을 했는지 기억나지 않는다. 병실에 있는 그의 침대 주변으로 커튼이 처져 있다. 내가 교수에게 고착골반에 대해 작은 목소리로 얘기하자 그가 알겠다는 듯 고개를 끄덕였고 우리는 서둘러 자리를 떠났다. 대니얼은 분명히 커튼 사이로 우리가 하는 얘기를 들었을 것이다. 우리는 의도치 않게 너무 잔인했을 수도 있다. 대니얼은 며칠 후 세상을 떠났다.

내가 죽고 나면 사람들이 나를 그리워하겠지만 나는 아무것도 그리워하지 않을 것이다. 나는 굳게 다짐했다. 곧 죽을 것이라는 생각에 우울하게 지낸 것을 후회하고 싶지 않다. 나를 위해서 뿐만 아니라 다른 사람들을 위해서도 현재 내 삶을 최대한 누려야 한다. 그럼에도 불구하고 쉬운 일은 아니었다. 연이은 절망과 불안의 파도가 덮쳐도 나는 다시 일어섰지만, 항상 또 다른 파도가 다가왔다. 내가 자기 연민에 너무 깊이 빠질 때면, 같은 상황에 있는 누군가를 볼 때 어떤 생각이 들지 자문해보았다. 대답은 언제나 같다. 별다른 생각이 들지 않을 것이다. 이런 식으로 뒤로 한 발자국 물러나 외부에서 나 자신을 바라보는 것은 정말 쉽지 않지만 노력하여 이 방법을 썼고 그럴 때마다 도움이 되었다.

환자가 되었을 때 가장 힘든 것 중 하나는 기다림이다. 활기라곤 찾아볼 수 없는 외래 환자 대기실에서 기다리고, 예약 날짜를 기다리고, 각종 검사 결과를 기다린다. 의사들이 서류 더미와 검사 결과(지금은 대부분 온라인으로 확인한다)를 마주할 때 모든 검사 결과 뒤에는 불안에 떨고 있는 환자가 있다는 사실을 자주 잊는다. 아들이 태어난 지 세 달 만에 뇌종양 수술을 받은 후 10년 동안 뇌스캔 검사를 주기적으로 받았다. 그때 아이 엄마와 나는 검사 결과를 기다리는 고통이 무엇인지 배웠다. 의사 본인이나 자신의 가족이 아프기 전까지는 이해하기 힘든 고통이다.

이제 내 삶은 몇 달 만에 한 번씩 받는 PSA 결과에 좌우될 것이다. 이 검사 결과가 종양이 다시 자리기 시작하는지—만약 내가 '거세저항성 전립선암castrate-resistant prostate cancer'인

경우라면—알려줄 것이고 그러면 항암 치료와 치료의 최종 단계를 시작할 것이다. 검사 결과를 너무 오랫동안 기다리지 않길 바랄 뿐이다.

만약 전립선암으로 몇 년 안에 세상을 떠난다면 그것도 그렇게 나쁜 일만은 아니라는 생각을 했다. 죽음만큼 두려운 치매를 겪지 않아도 되기 때문이다. 암은 알츠하이머병에 대한 예방접종이 될 것이다. 치매에 걸려 빈껍데기로 세상을 떠난 안타까운 아버지를 떠올렸다. 누군가 세상을 떠날 때 사람들은 한창때의 모습보다 세상을 떠나기 직전의 모습으로 그들을 기억한다.

나는 이 시기를 주로 런던의 집에서 보냈다. 작업실에서 리지에게 줄 새로운 인형 집을 만들거나 아이리스와 로절린드에게 보낼 그림엽서를 그렸다. 매일 저녁 페이스타임으로 아이들에게 들려주는 동화 속 장면을 그린 것이었다. 중세 채색 필사본을 본떠서 만들었는데 진짜 금 조각이 들어간 금빛 물감과 금박을 사용했는데도 썩 훌륭하진 않았다. 작업하는 동안 주로 클래식 음악이나 라디오를 들었다. 내가 듣고 있는 음악의 작곡가들도 모두 세상을 떠났다는 생각이 위로가 되었다. 나보다 먼저 세상을 떠난 사람들은 수도 없이 많다. 죽음은 언젠가 모든 사람이 겪어야 할 일이고 인생의 한 부분이라고 나 자신에게 말했다.

　이렇게 투지에 넘치는 말과 순리론자의 허세에도 불구하고 나는 죽지 않길 간절히 바랐다. 인간은 진화를 거듭하며 장수에는 크게 관심이 없을지 몰라도 죽음은 엄청나게 두려워하게 되었다. 인간이 자신의 유전자를 성공적으로 유지하기 위해서는 죽음을 두려워하며 삶을 위험에 빠뜨리지 않아야 자식을 잘 키울 수 있다. 하지만 자식을 키우는 젊은 나이가 지나 더 이상 두려움을 가질 필요가 없는 노년이 되었는데도 인간은 죽음에 대한 두려움을 안고 있다. 노년에 이런 두려움을 갖는 것은 우리를 더 불행하게 만들 뿐이다.

　모든 사람은 언제가 되었든 어떤 방식으로든 죽음을 겪을 수밖에 없고 그것이 인생의 한 부분임을 너무도 잘 안다. 그럼에도 불구하고 더 살고 싶은 나의 바람은 첫눈에 반한 사랑처럼 너무도 강렬하고 명백했다.

　절박한 심정으로 PSA 검사 결과가 잘못되었을지도 모른다는 증거를 찾기 위해 인터넷을 샅샅이 뒤졌다. 전이성 암인지 아닌지 보여주는 스캔 결과가 나오는 데 2주나 더 걸린다는 걸 알고 난 후 더 검색에 매달렸다. 다행히도 스캔 결과—뼈 스캔, CT 스캔, MRI 스캔—는 며칠 만에 받아볼 수 있었다. 첨단 기술이 나를 구해주길 바라는 순수한 마음으로 흰 가운과 바지만 입은 채 커다란 기계에 누워 스캔 결과를 감상했다.

전이가 발견되었다는 것은 앞으로 살날이 얼마 남지 않았다는 것을 의미할 것이다. 하지만 무엇도 확신할 수는 없다. 알바니아에서 신경외과 교수로 일하는 내 친구는 프랑스의 미테랑 전대통령이 전립선암을 진단받고 11년을 더 살았다고 얘기해주었다. 가족과 친구들은 괜찮을 것이라고 나를 안심시켰다. 하지만 나만큼 필사적으로 살고 싶어 했고 가족들에게 같은 얘기를 들었음에도 불구하고 세상을 떠난 환자들이 떠올랐다.

때때로 두려움에 지친 날도 있었고, PSA 검사 결과가 실수였을 거라고 혹은 기적적으로 내 종양이 치료에 반응할 거라고 스스로 기운을 북돋는 날도 있었다. 이런 동화 같은 이야기에 집착하며 거짓 희망에 잠시나마 안도감을 느꼈다. 내 기분은 크게 요동쳤다. 이렇게 무모한 낙관주의는 부정의 한 형태라고 생각하지만, 죽음의 그림자 아래서 사는 동안 짧더라도 자비로운 안도감을 준다는 점에서 나쁘게만 생각할 수는 없다.

케이트는 내가 심각한 문제를 다루는 방식을 파국화라는 심리학 용어로 묘사했다. 나는 최악의 상황을 상상하고 겁에 질린다. 또한 내가 어떻게 죽을지에 대한 여러 시나리오를 떠올렸다. 끔찍할 정도로 자세하고 명료하게. 온몸이 마비되는 상황을 상상하고, 침대에 누운 채 차가운 시체가—시체가 어떻게 생겼는지는 충분히 잘 알고 있다—된 내 옆에 케이트가 주체할 수 없이 눈물을 흘리는 모습을 상상했다. 나는 이 장면뿐만 아니라 이와 비슷한 여러 시나리오를 상상하며 눈물을 쏟았다. 어쩌면 이것은 극심한 공포나 감상적인 자기 연민이라기보다 내 앞에 일어날 일을 받아들이고 내 인생에 남은 일을 해결하도록 하는 방법이었는지도 모른다.

전이 여부를 알게 되기까지 기다린 2주 동안 상상할 수 없을 정도로 힘든 시간을 보냈다. 대부분 환자들처럼 나도 검사 결과를 물어보기 위해 병원에 먼저 연락할 엄두가 나지 않았다. 요구 사항이 많은 까다로운 환자로 보이고 싶지 않은 마음도 있었지만, 혹시 전이되었다는 결과를 들을까 봐 두려운 마음도 있었다. 모르는 게 약일 때도 있다. 하지만 결국 동료 의사인 켄에게 도움을 요청했고 그가 종양 전문의에게 연락을 취했다. 병원에서 아직 연락이 없는 것에 대한 온갖 불길한 이유들을 떠올렸다.

다행히 연락이 늦은 것은 단순한 시스템상 문제였다. NHS에서는 늘 일어나는 일이었다. 사회의료보장제도라고 부르는 이 시스템의 단점 중 하나는 검사 결과나 치료를 받기 위해 오래 기다려야 한다는 것이다. 비록 미국처럼 시장 경제를 의료 서비스에 적용하는 것을 개탄하는 입장이지만, 경제적 이윤이라는 동기가 있을 때 의사들과 병원이 더 빠르게 대응하는 것은 사실이다. 적어도 민간 의료비를 감당할 수 있는 사람들에게는 말이다.

이틀 후 종양 전문의에게 연락이 왔다.

"늦게 연락드려서 정말 죄송합니다." 그가 말했다.

"팀원들이 환자분이 스캔 검사를 받았다는 사실을 깜빡했네요. 저에게 먼저 연락 주셔서 정말 다행이에요. 지금 팀원들이 계속 바뀌는 상황이라……."

그는 구조적 문제에 대해 장황한 설명을 이어 나갔는데, 내가 NHS의 컨설던트로 일하던 시절부터 익숙한 상황이었다. 결국 나는 그의 말을 끊고 스캔 결과에 대해 물어봤다. 그는 전이되지 않은 것 같다고 말했다. 나는 그의 말에 안도하여 검사 결과를 놓치고 있었던 그를 바로 용서했다.

일주일 후 다시 병원을 찾았다. 소변 흐름을 검사하는 기계에서 한 번에 성공하지 못한 나를 탐탁지 않아 하는 간호사의 표정을 본 후 종양전문의를 만나러 갔다.

그는 들어오자마자 자리에 앉지 않고 내 손에 종이 몇 장을 건네준 후 나와 조금 떨어진 곳에 서 있었다.

"검사 결과지를 잘 챙기세요." 그는 더 이상의 설명은 덧붙이지 않았다. 나중에 확인해보니 내 스캔 검사 결과를 인쇄한 종이였다.

"지역 보건의에게 주시면 됩니다." 그가 처방전을 건네주며 말했다.

"방사선 치료를 받기 전까지 PSA 수치를 1 이하로 내려야 합니다."

"그럴 확률이 얼마나 되죠?" 내가 물었다.

"90퍼센트입니다." 그가 대답하자 내 심장이 뛰었다.

"하지만 환자분의 경우 위험 요소가 있어요." 그가 덧붙였다.

"PSA 수치가 너무 높다는 거겠죠." 나는 낙담하며 말했다.

그는 내가 조직 검사를 받아야 한다고 말했다.

"꼭 해야 할까요?" 내가 물었다.

"이미 진단이 나온 거 아닙니까?"

나도 신경 종양학 동료들과 이런 논쟁을 자주 벌였다. 조직 검사는 진단을 위해 조직 샘플을 얻기 위한 작은 수술인데, 이것도 수술이기 때문에 위험 부담이 전혀 없는 것은 아니다. 환자가 조직 검사로 얻는 혜택이 위험 부담보다 커야만 진행할 수 있는 수술이다. 설사 조직 검사로 잘못된다고 해도 책임은 검사를 요구한 종양전문의가 아니라 수술을 진행한 외과 전문의에게 있다. 심지어 내 환자들 중에는 뇌종양에 걸려 조직 검사를 받다가 세상을 떠난 사람도 있었다.

"죄송하지만 조직 검사를 받지 않으면 새로운 암 치료제의 임상에 참여할 수 없습니다." 그가 답했다.

실험적인 약물로 치료를 받아야 할 수 있다는 사실이 썩 내키지는 않았지만 어쩔 수 없는 상황을 받아들였다.

그게 전부였다. 저번과 마찬가지로 이 상황이 불편했고 말이 잘 나오지 않았다. 내가 의사였기 때문에 치료 과정에 대해 다 알고 있다고 생각했을까? 아니면 내가 말을 많이 하지 않았기 때문에 궁금한 것이 없다고 생각한 것일까? 아니면 유인물과 전문 간호사들을 통해 확인하라는 것일까? 암 치료에 따른 의료적 거세에 대해서도 나는 비교적 빨리 받아들였지만 이 문제에 대해서도 더 논의를 했다면 좋았을 것이다. 아무리 70세의 남성이라고 해도 거세는 사소한 일이 아니다. 앞으로 어떤 일이 일어날지 전혀 상상할 수 없었다.

얼마 후 그의 팀원들이 도착했다. 방사선 치료를 도와줄 조용한 간호사와 소변 흐름 검사 결과지를 보고 탐탁지 않게 여겼던 전립선 전문 간호사였다.

"소변 흐름이 아주 나빠요." 그녀가 부드럽지만 단호한 목소리로 말했다.

"그러게요." 나는 불안감과 죄책감을 느끼며 대답했다.

"하루에 2.5리터의 물을 꼭 마시세요. 안 그러면 방사선 치료를 받을 때 힘드실 거예요. 환자 몇 분이 방사선 치료를 받을 때 정말 힘들어하셨거든요. 시간이 두 달 정도 남았다고 보시면 돼요."

두 간호사 모두 상황이 다소 불편한 것 같았다. 어쩌면 나를 향한 연민 때문일 수도 있고 어쩌면 내가 저명한 신경외과 의사였기 때문일 수도 있다. 어쩌면 둘 다일지도 모른다. 유감스럽게도 환자에 대한 관심과 치료에 대한 정보가 점점 인쇄된 유인물로 대체되는 것 같다는 생각이 들었다.

나는 유인물에 적혀 있는 대로 주의사항을 충실히 따르기로 다짐했다. 다음 날 아침, 평소대로 달리러 나가기 전 0.5리터의 물을 마셨다. 2마일을 완주하기도 전에 점점 불편함이 느껴졌고 급뇨 증상 때문에 집으로 다시 돌아와야 했다. 현관문 열쇠를 돌리는 순간 참는 데 한계를 느꼈고 어쩔 수 없이 실금하고 말았다. 다음부터는 달리러 나가기 전 물을 마시지 않기로 했다.

검색을 해보니 매일 2.5리터의 물을 마셔야 한다는 것은 터무니없는 얘기였다. 이것은 1946년 미국 정부에서 작성한 권고안을 잘못 해석한 것이었고 근거 없는 믿음이다. 이 보고서는 평균적으로 하루에 2~2.5리터의 수분 섭취가 필요하다고 추정했지만, 이중 30~40퍼센트는 우리가 섭취하는 음식에 이미 포함되어 있다고 한다. 외부 온도와 활동 정도에 따라 다르겠지만, 보통 하루에 1리터가 조금 넘는 정도의 물을 마시는 것으로 적정량을 채울 수 있다.

예전에 뇌종양을 진단받은 지 얼마 안 된 환자들을 만날 때는 상담하는 데 적어도 한 시간 혹은 그 이상의 시간을 쏟으려 노력했다. NHS에서 은퇴한 후 카트만두에서 일을 시작했을 때도 실습생들에게 외래 상담을 마칠 때는 반드시 '혹시 궁금한 점 없으신가요?'라고 물어봐야 한다고 가르쳤다. 또한 이렇게 질문할 때 상투적이거나 재촉하듯 물어보아선 안 된다고 강조했다. 나는 환자의 모든 질문에 충분히 대답하는 것을 가장 중요히 여겼다. 하지만 이렇게 될 때까지는 오랜 세월이 걸렸다. 환자들이 미처 묻지 못한 질문이—어쩌면 나처럼 대답을 듣는 게 두려워서 묻지 못했던 질문이—상담 후에 생각나는 경우도 많았을 것이다. 내가 환자가 되고 보니 충격이 너무 크고 혼란스러워서 앞으로 어떤 일이 일어날지에 대해 전혀 물어보지 못했다.

신체의
유통기한

　　70대에 가까워졌을 때부터 내 몸의 유통기한이 지나버렸다는 사실을 부정할 수 없게 되었다. 전립선 비대증 때문에 화장실을 가기 위해 한밤중에도 여러 차례 잠에서 깬다. 이렇게 잠에서 깼다가 다시 잠들 수 없을 때는 노화로 인한 이런 상황이 유난히 싫었다. 의사로서 그래서는 안 되었지만, 당시에는 암에 걸렸을 것이라는 가능성은 아예 고려하지도 않았다. 오히려 이것이 알츠하이머병의 증상이 아닌지 걱정했고 그래서 더 쉽게 잠들 수 없었다. 몸을 뒤척이며 아밀로이드 플라크가 뇌에 축적되어 내 신경세포를 말살시키는 상상을 했다.

무릎의 관절염이나 손목터널증후군, 네 번째 손가락과 세 번째 손가락의 관절염으로 인한 고통으로도 잠을 못 잤다. 일부 관절은 변형되기 시작했고 나는 민첩함을 잃었다. 너무 빠르지도 너무 늦지도 않은 적절한 시점에 수술을 그만둔 것을 다행으로 여긴다. 야간 수면 장애로 인해 아침에 눈을 떴을 때 밤새 유령에 시달린 듯한 느낌을 받았고 이런 식으로 얼마나 더 오래 살아야 하는 것인지 의문스러웠다. 어쩌면 이때 암에 걸렸다는 무의식적인 예감을 느꼈던 것일지도 모르겠다.

낮에는 목이 삐걱거리고 딱딱 소리가 났으며 통증도 잦아졌다. 목이 너무 뻣뻣해서 밤에 별을 올려다볼 때 뒤로 넘어가지 않도록 주의해야 한다. 예전에 겪은 망막 출혈로 시력이 흐릿해진 탓에 내 눈으로는 별이 하나도 보이지 않는데 내 손녀들은 얼마나 많은 별을 보는지 놀라울 정도다. 왼쪽 눈에 인공수정체를 삽입했기 때문에 양쪽 눈의 초점을 맞추는 것조차 힘겹다. 왼쪽 손은 저리거나 감각이 없어질 때도 있다. 주로 새끼손가락과 약손가락에서 저릿저릿함을 느끼는데 가끔은 손 전체가 저릿해지기도 한다. 이런 증상이 척골신경증후군 때문인지, C8 신경근병증 때문인지, 손목터널증후군 때문인지, 초기 척수병증 때문인지는 알 수 없었다. 손목이나 팔꿈치, 목, 혹은 척수 자체에 신경 포착이 발생한 것이라면 정말 심각한 상황이다. 날씨가 추워지면 미세 혈액순환이 악화되어 손가락 끝이 차가워진다. 아마도 내 뇌에서도 같은 일이 일어나고 있고 그것이 뇌스캔 결과에 나온 불길한 변화를 일으킨 원인일 것이다.

기억력 또한 예전 같지 않아서 간단한 암산도 힘겹다. 익숙한 이름이나 단어도 자주 잊어버렸다가 몇 시간 뒤에 불현듯 떠오를 때도 있다. 엄지손가락의 아랫부분—손목을 구성하는 여덟 개의 작은 수근골 중 하나인 큰마름뼈와 중수골 사이—에 관절염이 있어서 자전거의 기어를 바꿀 때 통증이 있다. 자전거를 올라타고 내려올 때 오른쪽 다리를 돌리는 것도 점점 힘들어진다. 자전거에 올라타려다가 넘어지는 것도 시간문제다. 쉽게 지쳐서 오후에 잠이 들 때도 있다. 단순한 신체운동에도 한숨을 쉬거나 끙끙거리는 자신을 발견한다. 젊고 무지했던 과거에 이런 행동을 하는 노인을 봤다면 분명 무기력해 보인다거나 관심을 끌기 위해 하는 행동이라고 말했을 것이다.

진화인류학자들은 인간이 운동을 싫어하도록 진화되었다고 설득력 있는 주장을 해왔다. 연구 결과 인류의 조상은 꼭 필요한 경우에만 힘을 썼다는 사실이 밝혀졌는데 생존을 위해 그렇게 해야만 했을 것이다. 만약 매일 장을 보러 16킬로미터를 걸어가야 하는 사람은 장을 보고 와서 헬스장에 갈 마음이 들지 않을 것이다. 헬스장에서 에너지를 낭비하지 않도록, 다시 장을 보러 갈 수 있게끔 에너지를 절약하도록 인간은 만들어졌다.

나는 50대 초반부터 정기적으로 달리기 시작했다. 그전에는 가끔 짧은 거리만 달리곤 했는데, 딸들이 그렇게 가끔 달리는 것은 운동으로 볼 수 없다고 지적했기에 처음에는 딸들에게 보여주기 위해 동네 공원을 한 바퀴 이상 달리기 시작했다. 한 바퀴 도는 거리는 0.64킬로미터 정도인데, 이 거리를 점차 늘리니 매일 6킬로미터에서 8킬로미터 정도 달릴 수 있게 되었다. 이 무렵 나는 케이트를 만났고 주말 근무를 하지 않을 때는 그녀가 사는 옥스퍼드에서 주말을 보내고 있었다. 전원이라는 주변 환경이 좋아서 나는 더 달리고 싶었고 몇 해가 지나자 더 먼 거리를 달릴 수 있게 되었다.

크라이스트 처치 매도우를 돌고 난 후 처웰강과 킹스 밀의 개울 사이로 이어지는 길을 통해 유니버시티 파크를 도는 8킬로미터의 짧은 코스가 있다. 포트 매도우 주변에 템스강을 따라 달리는 16킬로미터 코스와 위덤 숲 주변에 있는 2미터의 울타리를 타고 넘은 후 우튼과 컴노어 마을을 가로질러 달리는 27킬로미터 코스도 있다(지금은 뛰어넘을 수 없는 울타리로 바

뛰었다). 그러고 나서 나는 숲을 지나 템스강과 도심으로 돌아
간다. 템스강을 따라 노르만 양식의 교회로 향하도록 뱃길을
지나는 코스도 있다. 그리고 그 너머 샌드퍼드와 애빙던 쪽으
로 달리는 왕복 32킬로미터의 코스도 있는데, 이 코스는 오래
전에 한 번 혹은 두 번 정도 달린 적 있다.

여름에는 뱃길을 따라 산토끼꽃, 치커리, 아욱, 금방망이,
인도 봉선화 등의 야생화들이 핀다. 암을 진단받고 이틀 후 어
둑어둑한 이 길을 따라 긴 저녁 산책을 했다. 이제 걸을 때마
다 하복부에 있는 종양의 압력이 불편하게 느껴진다. 극심한
절망과 비참함 속에서 산책을 떠났지만, 어둠 속에서 돌아올
때는 놀라울 정도로 차분해지고 앞으로 일어날 일에 나를 내
맡기게 되었다.

70세에 가까워지자 운동을 덜 하기 위해 변명거리를 계속
생각하기 시작했다. 햄스트링 파열, 근위 햄스트링 건염, 측면
무릎 인대 부상 등으로 몇 달 동안 달리지 못하던 때도 있었
다. 그러나 증상이 나타날 때마다 인터넷 검색을 통해 정보를
찾았을 뿐, 정형외과 의사를 찾아가지는 않았다. 매번 증상이
나아지긴 했지만 이런 식으로 고통이 반복되는 달리기가 즐
겁지 않았다. 그럼에도 달리기를 계속했던 이유는 달리고 나
서 잠깐 기분이 너무 좋았고, 달리는 동안은 아직 노년과 암,

치매, 죽음과 멀리 떨어져 있다는 안도감 때문이었다.

하지만 화장실 거울에 비친 내 모습에서 《맨즈 헬스》의 표지에 등장할 법한 축 처진 엉덩이, 구부러진 목, 주름진 피부의 노인 캐리커처가 보였다. 얼마 전에는 달리러 나갔다가 젊은 사람들이 비틀거리며 뛰는 나를 추월해서 지나가기도 했다. 크라이스트 처치 매도우에서 나를 자주 추월하는 한 젊은 여성이 있다. 그녀는 기쁨에 찬 가젤처럼 힘들이지 않고 여유롭게 나를 추월한다. 무겁고 휘청거리는 나의 발걸음과는 전혀 다르다. 달리다가 그녀를 마주치면 나는 애처로운 미소를 짓고 그녀는 다정한 미소를 지으며 아침 인사를 건넨다.

그래도 다시 젊어지고 싶은 마음은 없다. 과거의 내가 얼마나 감정에 휘둘리고 스스로에 대해 무지했었는지를 되돌아보면 깊은 절망감에 빠진다. 그때는 한 걸음 뒤로 물러나서 장기적으로 나 자신과 다른 사람들에게 가장 좋은 일이 무엇인지 생각하는 것이 불가능했다. 나는 충동적이고 무뚝뚝했으며 경솔했고 그래서 남들에게 망신당한 적도 여러 차례 있었다. 어느 정도는 신경과학적인 이유 때문이기도 하다. 자제력, 사회적 민감성, 미래에 대한 계획은 모두 뇌의 전두엽에서 나오는데 전두엽은 뇌에서 축삭돌기가 보호되는 수초화가 일어나는 가장 마지막 부분이다. 이 과정은 20대 후반이 되어서야 완성된다. 10대 청소년들이나 젊은이들이 일부러 불합리한 것을 선택하는 것이 아니라 신경과학적인 측면상 그들도 어쩔 수 없는 것이다.

나이를 먹으며 생기는 다양한 문제 중에 잘못되었거나 부자연스러운 증상은 아무것도 없다. 그런 증상들이 오히려 건강하다고 볼 수도 있다. 단지, 신체가 쇠약해지고 생명이 소멸되고 있을 뿐이다. 문제는 이런 증상은 갈수록 악화될 것이고 새로운 증상도 생길 것이라는 사실이다. 젊은 시절에는 넘치는 호르몬으로 상승의 시기에 있다가 중년이 되면 안정기에 접어들고 가족과 일로 바쁜 시기를 보내지만, 노년에는 운이 좋다면 취미를 즐기고 손주들과 시간을 보내며 인생의 내리막을 걸어가는 일밖에 남지 않는다.

나이가 들면 젊을 때와는 달라진 사고방식이 필요하다. 상황이 점점 나빠질 수밖에 없기 때문에 수렵채집민 피라항족처럼 현재를 최대한 누리고 현재를 살기 위해 더 노력해야 한다. 실제로 대부분의 설문조사에 따르면 사람들은 노년에 접어들며 더 행복해진다고 한다. 아마도 더 이상 고군분투하거나 경쟁하지 않아도 되고, 질병이 삶을 지배하기 시작하기 전까지는 그래도 주어진 운명을 순순히 받아들이게 되기 때문일 것이다. 물론 병에 걸리면 죽음이 다가온다는 사실을 받아들이는 것보다 더 살고 싶은 바람이 훨씬 강렬하겠지만.

국소 침윤성 전립선암의 초기 진료는 안드로겐 차단 요법 androgen deprivation therapy(ADT)이라고 부르는데, 이는 의료적 거세를 완곡하게 표현한 것이다. 남성 호르몬인 테스토스테론이 전립선암을 촉진시키기 때문에 테스토스테론을 억제하면 대체로 종양이 줄어든다. 암을 진단받은 후 인터넷에서 의료적 거세에 대한 정보를 찾아보았다. 의대생이었을 때 전립선암을 앓는 지역 보건의가 학교를 방문하여 치료의 부작용에 대해 얘기한 적 있었다. 당시 사용된 약물은 스틸베스트롤인데 앨런 튜링이 동성애의 죄목으로 투약받은 약물과 같은 것이다. 그 약물이 그의 자살에 영향을 미쳤을 가능성이 크다고 한다. 최근 중국에서 불륜을 저지른 남편들에게 아내들이 동물병원에서 이 약물을 구해 몰래 사용하고 있다는 보고를 본 적도 있다.

테스토스테론을 억제함으로써 종양이 퇴행한다는 사실은 1940년대 미국에서 찰스 허긴스가 발견한 것으로 그는 이 연구로 노벨상을 받았다. 18세기 후반, 거세한 개들의 전립선이 줄어든 것을 관찰한 해부학자 존 헌터가 전립선과 고환 사이의 연관성을 기록했다. 처음에는 전립선암 치료를 위해 수술적 거세를 실시했지만 요즘은 뇌의 테스토스테론 생성을 조절하거나 신체의 테스토스테론 수용체에 작용하는 다양한 약물을 활용하여 화학적으로 진행된다. 이런 치료적 거세의 효과는 언제든지 원상태로 복구시킬 수 있다.

병리학자들은 거세 후 종양 세포의 세포질—세포를 채우고 있는 유동체—이 거품같이 변하고 DNA를 담고 있는 세포핵이 수축되거나 핵농축이 일어난다고 묘사한다. 하지만 그럼에도 암은 완전히 사라지지 않으며 언젠가 다시 자라기 시작한다. 생명체인 암의 각 구성 세포들은 미묘하게 달라서 서로 경쟁 관계에 있다. 테스토스테론이 필요하지 않은 세포들은 번창하는 반면 테스토스테론이 필요한 세포들은 힘을 잃는다. 이렇게 되면 환자는 '거세저항성 전립선암'에 걸렸다고 말하는데, PSA 수치가 다시 오르기 시작하는 것으로 이를 확인할 수 있다.

이때는 암세포를 굶기는 것이 아닌 독살하는 방법인 항암화학요법으로 추가 치료를 시작하는데, 화학요법에 내성이 있는 세포들이 우세해짐에 따라 일시적으로 종양을 둔화시킨다. 그러면 이제 종반전에 접어든다. 곧 암은 몸 전체로 퍼지며 환자를 죽게 만든다. 그리고 이는 국소적으로 신체에 대혼란을 야기할 수도 있다. 이렇게 되기까지 걸리는 시간도 종양이 살고 있는 복잡한 생화학적 환경에 따라 달라진다. 신체의 어떤 부위는 종양이 성장하는 데 도움이 되고 어떤 부위는 그렇지 않기 때문이다. 유방암이나 폐암 같은 암은 뇌와 간으로 전이될 가능성이 크고 전립선암 같은 암은 뼈에서 잘 자라는 이유다.

물론 전립선암이 주로 노인에게 발병한다는 점을 감안할 때 환자는 암이 아닌 다른 이유로 사망할 수도 있다. 그래서 전립선암의 사망률을 집계하기 매우 힘들다. 환자가 전립선암으로 사망한 것인지 아니면 전립선암을 앓는 환자가 다른 원인으로 사망한 것인지 정밀히 확인하기 어렵기 때문이다. 나의 높은 PSA 수치와 종양 등급을 감안할 때 5년 안에 생화학적 재발이 일어날 확률이 75퍼센트라는 사실을 인터넷에 올라온 논문들을 통해 알아내는 데 오랜 시간이 걸렸다. 이것이 예상 수명의 측면에서 무엇을 의미하는지는 알 수 없다. 하지만 전립선암에 걸린 것을 제외하면 나는 건강한 편이므로 몇 년 안에 전립선암이 아닌 다른 질병으로 죽을 가능성이 적기 때문에 이것이 내가 겪을 마지막 질병이 될 것 같다. 미래에 대한 이런 통찰을 할 수 있어서, 또 이로 인해 온 마음을 집중할 수 있어서 행운이라고 생각한다.

전립선암 때문에 의료적 거세를 1년 동안 진행하고 나니 운동하기가 점점 더 힘들어졌다. 운동하는 게 두려워졌고 운동을 미루기 위해 변명거리를 끊임없이 생각해냈다. 테스토스테론이 부족해서 의지력이 약해진 것인지, 근육이 약해진 것인지. 어쩌면 둘 다일 수도 있다. 운동을 점점 즐기지 못하게 되었지만 운동을 하고 나면 엄청난 이완과 맑은 정신을 누릴 수 있다. 나를 견디게 해준 것은 노년에 대한 두려움과 혐오, 호르몬 치료와 더불어 바로 이 운동의 힘이었다. 나는 암이 아닌 나 자신과 치료의 부작용과 싸우고 있었다.

운동 후에 오는 행복감은 신경전달물질 체계인 뇌의 칸나비노이드 체계endocannabinoid system 덕분이다. 뇌에 관한 다른 많은 부분처럼 어떤 작용으로 이런 현상이 일어나는지는 명확히 밝혀지지 않았다. 연구 결과에 따르면 이런 감정은 매일 정기적으로 최소한 20분씩 운동하는 사람들에게 일어난다. 나는 거의 경험해본 적 없지만 진지한 러너들은 '러너스 하이runner's high'에 대해 얘기한다. 3~4시간 이상 지속적으로 운동할 때만 경험할 수 있다고 알려져 있는데, 아편 유도제와 비슷한 화학물질인 엔도르핀 분비와 관련 있다고 한다.

이런 현상에 대한 신경과학적인 이유는 여전히 밝혀지지 않았다. 어쩌면 그렇게 오래 달리는 것이 고통스럽기 때문에 거꾸로 엔도르핀이 분비되는 것일지도 모른다. 분명한 사실은 운동이 힘들게 느껴지지만 반복적으로 하다 보면 이후의 결과를 즐기게 된다는 것이다. 그 사실을 알고 있음에도 불구하고 미래에 누릴 크나큰 이익을 위해 현재의 편안함을 희생하는 것이 왜 이렇게 힘든지 이상하게 느껴질 뿐이다. 그만큼 현재가 우리를 무겁게 짓누르고 있는 것은 아닐지.

생명 연장의
빛과 그림자

나는 죽고 싶지 않다. 누군들 그렇겠는가? 당연한 말이겠지만 노쇠하고 싶지도 않다. 과거에는 인간의 삶에 비교적 정해진 시간이 있었고 70대에 죽는 것이 자연스러운 일이었지만, 지금은 노화를 막거나 심지어 시간을 되돌리는 역노화 연구가 진지한 과학의 한 분야로 자리 잡았다. 우리는 자연의 일부고 우리가 하는 모든 일도 자연의 한 부분처럼 자연스럽다. 그것이 현명한지 아닌지는 다른 문제이지만, 수명을 연장하려는 시도가 자연에 어긋난다는 얘기는 그래서 소용없는 말이다. 개인적으로 인간의 수명을 연장한다는 개념이 끔찍하다고 생각하지만, 이면에 있는 과학을 이해하기 위해서는 이런 나의 편견을 극복해야만 한다.

몇 시간만 사는 곤충들부터 수백 년을 사는 그린란드 상어와 수염고래처럼 모든 생명체의 수명은 천차만별이다. 갈라파고스땅거북과 같은 생명체는 나이가 들어도 노화의 징후를 거의 경험하지 않는다. 우리가 노화하는 이유에 대한 다양한 이론이 있지만, 1973년에 테오도시우스 도브잔스키Theodosius Dobzhansky가 남긴 유명한 말 '진화를 고려하지 않고는 생물학의 어떤 것도 설명할 수 없다'에 따라 모두 진화와 자연 선택론의 측면으로 설명되곤 한다.

노화에 대한 주요 이론 중 하나는 '길항적 다면발현antagonistic pleiotropy'인데, 간단히 말하면 진화의 태만을 의미한다. 동일한 유전자가 다른 환경에서 다른 효과를 내는 것으로, 이에 따르면 젊은 시절 번식을 증가시키는 유전자는 노년기가 되면 해로운 영향을 미칠 수 있다. 이 유전자는 생명체의 삶 후반기에 세포 부패를 일으킴에도 불구하고 번식을 증가시킨다는 이유로 계속 선택되어 확산될 것이다. 자연 선택에 의한 진화는 단순한 메커니즘이지만, 나는 거기에 목적과 의도가 있다고 생각하는 감상적 오류에 빠지지 않을 수 없다. 자연 선택은 노년에 겪는 고통에 대해서는 관심이 없다. 나는 버려졌다.

물론 언제나 예외는 있다. 예를 들어, 물고기뿐만 아니라 인간도 다른 영장류들보다 훨씬 오래 산다. 인간의 이런 현상을 설명하는 가장 타당한 이론은 '할머니 가설grandmother hypothesis'이다. 인간이 특별한 점은 할머니가 다음 세대의 양육에 참여한다는 것인데, 이것이 다른 영장류에 비해 수명이 긴 이유라는 것이다. 할머니는 딸이 더 많은 아이를 낳도록 도와주는 역할을 하므로 할머니의 수명을 연장시키는 유전자가 그렇지 않은 유전자에 비해 상대적으로 살아남는 데 유리할 것이다.

번식은 단순히 아이를 낳는 것에서 그치는 게 아니라 잘 키워서 자녀와 손주들이 스스로 번식을 잘 이어 나갈 수 있도록 돕는 것도 포함되어 있다. 우리가 죽음을 두려워하지 않고 위험한 일에 거부감을 느끼지 않는다면, 삶에 위험도가 커져 우리의 자식과 유전자는 살아남기 힘들 것이다. 그러나 내 자식들이 다 컸는데도 나는 죽음에 대한 두려움을 노년에 접어든 지금까지 갖고 있다. 죽음에 대한 두려움은 이제 무의미하다. 나는 사후 세계를 믿지 않아서 죽음을 두려워할 필요 없다는 말이 잘 이해되지 않는다. 죽음에 대한 두려움 아래에는 죽음 그 자체와 무, 미래가 없음에 대한 깊고 비이성적인 두려움이 있다고 생각한다. 현재의 많은 시간을 미래를 생각하는 데—

그것이 불안이든 행복한 기대든—쓰기 때문에 다가올 미래가 없고 현재만 남아 있다고 생각하면 두려워지는 것이다.

미래가 없다는 두려움에 사로잡혀 생명 연장을 열렬히 지지하는 트랜스휴머니스트transhumanists들은 더 이상 죽음이 불가피한 것이 아니라고 주장한다. 도롱뇽의 다리가 절단된 후에 새로운 다리가 자라나고, 도마뱀의 꼬리가 다시 자라나는 것처럼 적절한 과학기술의 발전이 뒷받침된다면 인간도 영원히 살 수 있다는 것이다. 우리가 얼마나 오래 살 수 있는지 결정하는 유전자를 해킹하게 될 것이며 죽음을 막기 위해 세포 과정을 바꿀 수 있다고 말한다. 오래 사는 것이 인생에서 가장 중요한 문제라는 그들의 믿음에 영향을 받은 불안하고 돈 많은 노인들은 죽음을 피할 수 있다고 믿으며 노화와 죽음에 대한 연구에 자금을 지원하고 있다.

나는 아직도 내가 수조 개의 세포라는 사실을 이해하기 매우 힘들다. 이 세포들은 최초의 세포의 자손이며, 각 세대는 간세포, 피부세포, 뇌세포 등 최소한 200가지 다른 종류의 세포들로 분화된다. 각 세포에는 내 몸 전체를 형성하는 DNA가 담겨 있지만, 발달 초기에 각 세포는 분화된 역할에 적합한 특정 유전자만 발현하도록 프로그램되어 있다. 우리 신체만 자연 선택에 의해 형성된 것이 아니라 수조 개의 개별 세포들도 마찬가지다. 각 세포는 스스로 생존하고 번식하면서도 다른 세포들과 경쟁하지 않고 협동하도록 만들어져 있다. 세포는 자신보다 큰 전체의 일부로 남기 위해 복잡한 여러 메커니즘에 의해 견제되어야 한다. 그것이 실패하면 암이 되는 것이다. 생존하려는 힘이 비뚤어진 방식으로 표출된 것이라고 할 수 있다.

노벨상을 받은 줄기세포 과학자인 야마나카 신야やまなかしんや는 모든 분화된 세포들이 유도만능줄기세포induced pluripotent cells가 되기 위해 거꾸로 재프로그램될 수 있다는 것을 보여주었다. 수명 연장을 지지하는 사람들은 야마나카의 기술을 영생으로 가는 길이라고 믿는다. 쥐를 대상으로 진행한 이 연구는 최근까지 기형종이라는 종양을 생성하는 경향을 보이지만, 아직은 시작 단계에 불과하다. 근래 이 문제를 극복하는 방법을 제시하는 연구도 발표되었다. 한 아이의 뇌에서 제거한 기형종에서 미세한 흉곽의 일부를 발견한 적이 있다. 10대 소녀의 난소에서 아주 작은 뇌와 두개골이 발견되었다는 보고도 있다. 이렇게 때때로 자연은 끔찍한 실수를 저지르기도 한다. 하지만 대부분의 경우 안정적이고 번식력 있는 생명체들이 이렇게 복잡한 과정에서 생겨난다는 것이 기적처럼 느껴진다.

암은 거의 모든 복합 생명체와 모든 세포에서 자랄 수 있다. 암은 주로 노년기에 발생하는 질병이고 DNA의 변이가 축적되어 발생한다. 하지만 전염병학자인 리처드 페토Richard Peto가 처음 발견한 놀라운 사실이 있다. 이를 페토의 역설이라고 부르는데, 고래처럼 덩치가 크고 수명이 긴 동물들의 암 발생률이 덩치가 작고 수명이 짧은 동물들보다 높지 않다는 것이다. 고래의 세포가 쥐의 세포보다 큰 것은 아니기 때문에 고래의 세포 수는 쥐보다 훨씬 많을 수밖에 없는데, 세포 수가 많다고 암에 더 잘 걸리는 게 아니라는 뜻이다.

생명 연장 지지자들은 이를 암과 관련하여 수명에 대해 바꾸지 못할 건 없다는 근거로 여긴다. 하지만 문제는 암을 억제하는 메커니즘이 어떤 면에서는 노화와 밀접하게 관련되어 있는 것처럼 보인다는 것이다. 노화는 젊은 시절 번식하느라 바빠서 암을 피한 이후에 지불하는 대가와 같다.

장수하는 삶이 더 나은 삶일까? 트랜스휴머니스트들은 인간들이 곧 150살까지는 살게 될 것이라고 예측한다. 나는 이런 생명 연장의 꿈을 지지할 마음이 들지 않는다. 이런 연구에 쓰는 돈은 다른 곳에서 더 잘 쓰일 수 있다.

나 같은 회의론자에게 있어 생명 연장은 분명 문제가 있다. 적어도 쥐와 지렁이에 있어서는 수명을 늘리는 것이 곧 건강 수명을 연장시키는 것이라는 믿을 만한 증거가 있다. 노화란 특정한 메커니즘을 가진 질병이며 인간의 신체가 노화로 악화되는 과정이 훌륭하게 규정된 바는 아무것도 없다. 그러니 관절염, 백내장, 황반변성, 암, 골다공증, 뇌의 위축 등 뇌스캔 결과로 보이는 모든 노화 증상을 줄여준다는데 그런 기술을 어떻게 거부할 수 있을까?

그럼에도 불구하고 지금보다 더 많은 노인이 사는 세상은 끔찍할 것이다. 노인 인구가 늘어나는 현상은 이미 현실화되고 있다. 인간이 곧 150살까지 살게 된다면 단지 몇십 년을 더 산다고 과연 인간의 고통이 줄어들까? 우리가 죽음을 몇 년 더 늦춘다고 해서 우리 삶이 더 의미 있게 될까? 젊은이들의 미래가 되어야 하는데 노인들의 미래가 되진 않을까?

다발성 유전자가 환경이 달라지면 다른 일을 하는 것처럼, 생명체에는 단일 유전자에 의해 결정되는 특성이 거의 없다. 인간의 유전자가 20,000개 밖에 없다는 다소 충격적인 발견 후에, 따라서 유전자는 매우 복잡한 방식으로 함께 작용한다는 것이 밝혀졌다. 눈동자 색깔, 키, 지능 등은 다양한 유전자들에 의해 결정된다. 예를 들어, 수백 개의 유전자들이 조현병을 일으키는 원인이 되는 것처럼 말이다.

유전자를 교정하는 새로운 기술을 통해 온갖 종류의 예측할 수 없고 바람직하지 않은 결과가 발생할 수 있다. 인간 게 놈을 변형시키는 것은 정상적인 유전자를 재배열하는 것과 다른 문제다. 인간의 노화를 막을 수 있는 간단한 유전자 해킹이 존재할 가능성은 거의 없다. 만약 존재한다고 해도 온갖 원치 않는 부작용을 겪게 될 것이다. 내가 암 때문에 받는 호르몬 요법만 해도 이렇게 많은 부작용을 유발하지 않는가.

식이 제한이 쥐나 다른 작은 설치류, 포유류가 아닌 생명체의 수명과 건강 수명을 상당히 연장시키는 것으로 나타났다. 하지만 극단적으로 칼로리를 제한하는 삶이 살아 있는 즐거움을 감소시킬 수 있다는 점을 제외하고라도, 쥐에게 효과가 있던 방식이 인간에게는 효과가 없는 경우도 많다는 사실을 간과하면 안 된다. 인간은 덩치가 큰 쥐가 아니다. 이런 실험을 인간을 대상으로 진행한다면 여러 윤리적인 문제가 따를 것이다.

그럼에도 나이 드는 게 두려운 억만장자들의 지원을 받아 이런 연구는 계속될 것이다. 그들의 이기적이고 쾌락주의적인 탐욕이 지구의 수많은 생명체를 파괴하고 있다. 노화의 유전학이 생각보다 훨씬 더 복잡한 것으로 밝혀져 생명 연장이 아주 먼 미래의 일이 되길 바란다. 살아 있는 동안에는 이런일이 일어나는 것을 보고 싶지 않다. 연구자들이 무엇을 발견하게 될지는 아무도 모르지만, 만약 그들이 성공한다 해도 장수하는 삶이 억만장자들의 삶을 더 의미 있게 해줄지는 의문이다.

뇌는 어떻게 인간의 의식에
작용하는가

결국 전신마취를 하고 외래 수술로 조직 검사를 받았다. 간호사들은 매우 친절했다. 내가 외과 전문의라는 사실을 모르는 한 친절한 간호사가 수술실 앞에서 내 이름을 부르며 나를 맞이해주었다. 입원 수속을 하는 것부터 옷을 벗고 가운과 노출이 많은 일회용 반바지를 입고, 마취과 의사와 외과 의사를 만나고, 마침내 수술실에 입장하는 것까지 모든 절차는 완벽히 짜여 있었다.

나는 전신마취를 두려워하기보다는 차라리 즐기는 편이다. 전깃불이 꺼지듯 정신을 잃고 난 후 진통제의 기분 좋은 느낌을 느끼며 정신을 차리는 과정.

"아프세요?" 의식을 차리자 회복실의 간호사가 나에게 물었다.

"1부터 10까지 고통이 어느 정도인가요?"

"9정도요."

과장해서 말하는 게 최선이라고 생각하며—이런 상황에서는 모두 그렇게 해야 한다—대답했다. 그래서인지 펜타닐을 처방받았고 간호사가 인공 도뇨관을 뽑을 때도 가벼운 통증 정도만 느껴졌다. 간호사의 이름은 기억나지 않지만 나이지리아에서 왔으며 웨스트민스터 대학교에서 경영학을 공부했다고 얘기했다.

초기 연구자들은 뇌의 모든 신경세포의 막을 방해하며 작용하는 전신마취제를 고안했다. 하지만 최근 연구에서 전신마취제가 흥분성 역할을 하는 시냅스의 활동을 약화시키고 억제성 시냅스의 활동을 증진시킨다는 것이 밝혀졌다. 전신마취제는 신경전달물질에 의해 조절되는 세포막의 이온 게이트에 영향을 줌으로써 신경세포의 활동을 약화시킨다. 이온 게이트는 이온(전하를 띠는 원자)을 신경세포의 내부나 외부로 펌핑함으로써 신경세포의 전기적 상태를 통제한다.

전신마취는 단순히 의식을 상실하는 것 이상을 유발할 수 있다. 마취제의 분량에 따라 부동, 기억 상실, 흥분과 불안, 근

이완, 호흡마비 등을 일으킬 수 있다. 의대생일 때 유리 상자에 갇힌 불쌍한 고양이로 실험하는 것을 본 적 있다. 고양이는 마취된 상태였다(아산화질소 마취제였던 것 같다). 고양이는 교과서에 나오는 마취의 4단계—통각상실증, 섬망, 수술 마취, 호흡정지—를 거쳤다. 실험의 마지막 단계에서 인공호흡기를 달지 않았기 때문에 고양이는 죽고 말았다. 인간이었다면 인공호흡기를 달았을 것이다. 나는 이 장면에 충격을 받았다. 전신마취의 원리를 가르치는 방법으로 이런 실험이 강의나 책을 읽는 것보다 더 효과적인지 확신이 들지 않았고 무엇보다 고양이에게 큰 죄책감이 들었다.

마취의 효과—마비, 기억 상실, 불안—를 개념화하기는 쉽지 않지만, 의식에 관한 가장 중요한 미스터리는 여전히 풀리지 않았다. 어떻게 의식이 깨어나는 것이며, 어디서 깨어나는 것인가? 수많은 연구와 논문이 발표되었지만 우리에게 밝혀진 것은 정말 거의 없다. 인간이 살아 있다는 가장 중요한 증거인 의식에 대해 우리가 알고 있는 게 거의 없다는 사실은 정말 놀랍다.

의식이라는 건 자기 성찰로 배울 수 있는 게 아니다. 의식이란 신경세포의 활동으로 일어나는 것임을 받아들이면 우리 머릿속에서 놀라운 일이 일어나고 있다는 것을 깨달을 수 있다. 신경세포들이 서로 영향을 주고받는 전기적 자극은 세포에서 세포로 뇌를 가로질러 이동하며 생기고, 이러한 신경세포들의 전기화학적 움직임에는 시간과 공간이 필요하다. 비록 몇밀리 초(1,000분의 1초)일지라도 시간이 흐른다는 뜻인데 우리는 그 시간의 흐름을 알지 못한다.

이에 대한 가장 오래되고 유명한 실험 중 하나는 1980년대 미국에서 진행된 벤저민 리벳Benjamin Libet의 실험이다. 이 실험은 (여러 후속 연구에서도 같은 결과가 입증되었다) 두피에 올려둔 전극을 통해 뇌 표면의 전류를 기록함으로써 손을 움직이겠다는 의식적인 결정이 뇌 속 전기 신호가 활성화되고 몇밀리 초 이후에 일어난다는 것을 보여주었다. 이렇게 손가락을 하나 움직이더라도 인간의 모든 의식적인 결정은 반드시 뇌의 어딘가에 시작점이 있다.

자유의지라는 개념은 일종의 환상이다. 며칠 전 만돌린 슬라이서에 손을 베었을 때 새끼손가락에서 느껴지는 고통이 손가락에 있다고 착각하는 것과 같은 환상이다. 실제로 고통은 손가락이 아니라 뇌의 신경 자극에 의한 것이다. 지금은 무의식과 의식 사이의 관계에 대한—철학적 혹은 정신분석적 추측이 아닌—과학적인 이해가 어느 정도 이뤄지고 있지만.

과학의 진보는 새로운 기술과 발상, 이에 대한 저항 사이의 복잡한 움직임 속에서 이루어져왔다. 한 번에 수월하게 진행된 적은 없다. 17세기의 과학 혁명은 17세기 초 네덜란드에서 발명한 망원경, 현미경과 떼어놓고 생각할 수 없다. 처음으로 인간의 시력으로 볼 수 없던 것을 볼 수 있게 되었고, 우리가 당연하게 여기던 세상의 모습이 불완전한 것임을 알게 되었다.

과거의 실험 심리학은 뇌에서 일어나는 작용을 블랙박스처럼 여기는 것 외에는 선택의 여지가 없었다. 입력 신호와 출력 신호—자극과 행동적 반응—만이 객관적인 과학 연구에 적합한 주제가 될 수 있었다. 기술이 이를 모두 바꾸어놓았고 이제는 블랙박스를 자세히 들여다보고 뇌의 내부에서 작동하는 방식을 어느 정도 이해할 수 있다. 물론 여전히 지극히 제한된 시야로 볼 수밖에 없지만 말이다.

뇌 안이나 심지어 각각의 뇌세포에도 전극을 심을 수 있다. 뇌전도보다 훨씬 정확한 방법이지만 윤리적인 이유로 이런 연구는 매우 제한적이어야 한다. 무엇보다 인간의 뇌에는 860억 개의 신경세포가 있다는 사실을 기억할 필요가 있다. 아무리 기술이 발전했다 해도 이는 저렴한 저성능 쌍안경으로 별빛 하늘을 바라보는 것과 비슷하다. 현재의 기술이 뇌의 기능과 작용에 대해 우리에게 알려줄 수 있는 것은 매우 한정적이라는 뜻이다.

인지과학자들이 '마스킹masking'이라고 부르는 당혹스러운 실험 기법이 있다. 컴퓨터 화면에 이미지가 몇 밀리초 동안 뜬다면 우리는 이 이미지를 인지한다. 하지만 이 직후에 다른 이미지(마스크)를 띄운다면, 첫 번째 이미지가 뇌에 인식되어 어딘가에 존재하고 있음에도 불구하고 우리는 의식에서 첫 번째 이미지를 지울 것이다.

처음에 이것은 터무니없어 보였다. 한 사건 직후에 다른 일이 일어난다고 해서 어떻게 처음에 일어난 사건을 인식에서 지울 수 있을까? 하지만 우리가 생각하고 느끼는 모든 것이 신경세포의 활동에 의해 생성된다는 것을 받아들이고 나면, 이 명백한 역설에 놀라지 않게 된다. 실제로 한 연구에 따르면, 의식적 인식은 초기 자극에 1/3초 뒤처져 일어난다고 한다. 마치 우리의 의식적인 자아가 리포터 역할을 하며 어떤 일이 일어나고 있는지 개요를 알려주는 것 같다. 첫 이미지 인식 직후에 보게 되는 마스크는 의식의 리포팅을 방해하여 원래의 이미지가 무의식에 남겨둔다.

이런 유의 실험은 의식과 무의식의 본질이 얼마나 다루기 힘든 것인지 알려준다. 의식과 무의식은 분리된 존재가 아니라 전체의 일부분이다. 물리학자들이 물질에 대한 실험을 한 후 견본을 만들고 수학적 용어로 설명하는 것처럼 뇌에 관한 실험을 그렇게 진행할 수 있을지는 매우 불확실하다. 뇌라는 건 분해한 후 일부분으로 실험을 하고나서 다시 조립할 수 없기 때문이다.

의식을 정보 처리의 차원으로 생각한다면 의식은 컴퓨터에 견주어 이해할 수 있는 개념이 된다. 받아들이기 힘든 개념이지만 틀렸다고 인정하기도 힘들다. 뇌는 물리적 시스템이고 컴퓨터도 물리적 시스템이며 두 가지 모두 정보를 처리하지만 그 둘의 유사성은 그게 전부다. 그들의 구조와 구성요소, 작동 방식에서는 엄청난 차이를 보인다. 현재까지 우리는 뇌가 어떻게 작동하는지 아는 것이 거의 없다. 컴퓨터가 하는 것처럼 뇌도 알고리즘과 코드를 활용하여 정보를 처리하는지도 확실하지 않다. 지능이라는 단어는 정의하기 힘들고 지능의 신경학상 기저에 관한 정보가 없다.

인공지능이라는 단어도 오해의 소지가 있다. 인공지능에서 말하는 지능은 아이의 지능과는 완전히 다르다. 아이는 고양이를 한 번 보고 나면 생김새가 다른 고양이를 보고도 고양이라고 식별할 수 있지만, AI는 고양이를 식별하기 위해서 수백만 장의 고양이 사진을 봐야 한다. AI는 우리와 보는 방식도 다르다. 인간의 눈에는 전혀 달라진 게 없는데, 이미지의 픽셀을 몇 개만 바꾸어도 AI는 다른 이미지라고 인식한다.

AI가 많은 사람들을 실직자로 만들 수는 있겠지만 인간을 대체할 수 있다고 생각하지 않는다. 다만 사람들이, 특히 독재적인 정부에서 AI를 해로운 방식으로 사용할 수 있다는 점이 심히 걱정스럽다. 예를 들어 어디에나 있는 CCTV로 인한 익명성의 상실과 얼굴인식 소프트웨어는 소수에게 막대한 권력을 줄 수 있다.

뇌와 컴퓨터가 본질적으로 비슷하다는 착각은 우리의 뇌를 컴퓨터에 업로드하는 등 온갖 즐거운 공상과학 판타지로 이어진다. 이것은 컴퓨터가 의식이 있는 존재인지 아닌지, 그것을 어떻게 확인할 수 있는지에 대한 더 큰 문제로 연결된다. 철학자들은 이런 질문에 대해 논의하는 것을 즐기며 이 문제에 대한 긴 글을 쓰지만, 나는 이를 이해하는 데 어려움을 겪는다. 솔직히 많은 부분이 그저 말장난일 뿐이라는 생각을 지울 수 없다.

의식을 바라보는 또 다른 방식은 수학 물리학자인 로저 펜로즈 경Sir Roger Penrose의 관점처럼 물리적 세계에 대한 우리의 이해는 불완전하다는 데서 출발한다. 생각과 감정이 뇌에서 만들어진다면, 뇌라는 인체가 물리적 세계의 일부이므로 뇌는 물리 법칙의 지배를 받아야 한다. 하지만 물리학은 의식에 대해 설명할 수 없다. 결국 인간이 이해하기 불완전한 부분으로 남는다. 펜로즈 경에 따르면, 이러한 불완전함은 다른 이론물리학에도 존재한다. 아직 양자역학과 일반상대성이론을 결합하는 데 성공하지 못했고 우주학자들은 암흑물질과 암흑에너지에 대해 명쾌한 설명을 하지 못한다.

나는 수술 후 급성 요정체를 일으킬 수 있기 때문에 조직 검사를 받길 주저했다. 카테터를 삽입하면 쉽게 해결할 수는 있지만 응급 사태가 될 수 있다. 이런 상황을 겪을까 봐 두려워했기에 회복실로 돌아와서 화장실에서 소변을 볼 수 있다는 것을 확인하고 크게 안도했다.

"잘 다녀오셨어요?" 화장실에서 나오자 간호실에 앉아 있던 친절한 간호사가 물었다.

"네," 나는 행복한 얼굴로 대답했다.

"이상한 각도로 나오긴 했는데, 제가 바닥은 닦았습니다."

집에 돌아와서 감사 인사를 전하기 위해 간호사에게 편지를 썼다.

그날 방사선동위원소 스캔을 한 번 더 받았는데, 암이 이미 림프절로 전이되었다면 PET CT 스캔으로 확인할 수 있기 때문이다. 검사를 받은 후 나를 데리러 온 케이트와 이웃 친구 셸윈과 함께 집으로 돌아갔다. 스캔 검사로 인한 방사선량은 미미했지만 내 손목에는 생물학적 유해 물질 스티커가 붙여져 있었다. 두 번째 락다운이 시작되었지만 문을 연 가게를 발견하고 아이리스와 로절린드에게 줄 그림엽서를 그릴 붓을 몇 자루 샀다.

그날 저녁 첫 번째 호르몬 치료를 위한 약을 복용했다. 그리고 의료적 거세의 부작용과 조기 전립선암의 생존율을 검색하기 시작했다. 전립선암의 사망률을 보여주는 논문에 실린 그래프와 표를 연구하며 내 미래를 예측해보려 했다. 하지만 그것은 별자리로 내 미래를 점치는 것과 다름없었다. 논문에 실린 그래프와 표는 나에게 일어날 일을 보여주는 것이 아니라 그저 통계와 확률일 뿐이었다. 나는 꽤 비이성적인 사람이 되어버렸다. 어떤 글을 읽고는 내가 곧 죽을 것이라고 확신하며 두려움에 떨었고, 또 다른 글을 읽고는 희망에 부풀기도 했다.

전에는 환자들에게 원한다면 병에 대해 검색해보아도 좋지만 주의해야 한다고 일러주곤 했다. 인터넷에서 찾아보는 자료는 모두 정확한 것도 아니고 그저 확률일 뿐이다. 절대 확실한 정보가 아니다. 나는 의사였을 때 환자들이 알아야 한다고 생각하는 모든 것을 알려주겠다고 얘기했다. 하지만 지금 암을 진단받고 보니, 당시에 환자들이 알아야 한다고 생각했던 내용이 다소 제한적이었다는 것을 깨달았다.

모든 약에는 부작용이 따른다. 거세의 부작용은 매우 다양하다. 부작용을 적어 놓은 목록을 읽다보니 이것이 환자들을 돕기 위한 것이 아니라 의사와 제약 회사를 소송으로부터 보호하기 위한 것임을 금방 깨닫게 된다. 그나마 몇 군데의 웹사이트에는 흔한 부작용과 흔치 않은 부작용이 구분되어 있었으며, 이 모든 부작용을 겪은 사람은 없다고 언급해주었다. 매우 유쾌하지 않은 부작용도 있는데, 그중 하나는 여성형 유방증이었다(나는 치료를 받은 지 1년이 지나자 아주 조금씩 발달하기 시작했다). 허리 주위로 살이 붙고 체모가 없어지는 증상은 발기부전과 성욕 감소, 근육 손실, 골다공증, 골절과 함께 사람들이 가장 흔히 겪는 부작용일 것이다. 목록은 거기서 끝나지 않는다. 호르몬 치료를 받고 1년이 지나자 나는 욕실 거울에 비치는 내 모습을 보는 게 싫어졌다. 오동통하고 털이 없는 몸은 마치 덩치만 큰 늙은 아기처럼 보였다.

두통, 어지럼증, 만성 피로, 변비, 설사 같은 여러 부작용은 비특이성이다. 이런 비특이성 증상의 문제는 노시보 효과 nocebo effect를 일으킨다. 플라시보 효과placebo effect와 반대되는 개념으로, 작은 증상에도 몸이 더 나빠질 것이라고 생각하므로 진짜 더 아픈 것처럼 느껴진다. 뇌스캔 결과를 보는 것도 같은 효과를 낸다. 내가 이미 치매에 걸린 것 같은 기분에서 벗어나는 데 한참이나 걸렸다. 부작용의 목록에는 우울증도 있었다. 그러나 의료적 거세를 받고 죽음이 가까워진 사람 중에 우울하지 않을 사람이 어디 있겠는가? 이것도 부작용이라고 할 수 있을까?

남성들에게 나타나는 공격성의 원인으로 테스토스테론을 꼽지만 이를 입증하는 연구 결과는 없다. 이런 맥락의 연구들은 WEIRD 심리학 전공 학생들을 대상으로 진행된 것이다. WEIRD는 서양의western 교육 수준이 높고educated, 산업이 발달하고industrialized, 부유하며rich, 민주주의democratic 사회에 있는 사람을 의미한다. 그런 사람들을 대상으로 진행한 연구에 얼마나 넓은 의미를 둘 수 있는지 모르겠다. 호르몬 치료의 심리적·인지적 효과에 대한 연구는 아직 결론이 나지 않았다. 어쩌면 나는 의료적 거세로 덜 경쟁적인 사람이 되었을 수도 있지만, 어쨌든 은퇴한 후라 경쟁할 대상이 과거의 나밖에 없기는 하다.

방사선 치료를 받는 병원에서 그달에 받아야 할 치료를 반쯤 완료했을 때 한 친절한 간호사가 내가 겪을지도 모르는 증상들을 적은 긴 목록을 훑어주었다. 나는 만약 모든 중년 남성들이 호르몬 차단 치료를 받는다면 더 나은 세상이 될 것이라고 농담처럼 말했다. 바람을 피운 남편들에게 스틸베스트롤을 몰래 먹인다는 중국인 아내들이 떠올랐다. 나도 중년에 호르몬 차단 치료를 받았다면 외도를 하지 않았을 것이고 첫 번째 결혼생활도 끝나지 않았을 것이며 내 인생을 바꾸고 나를 더 나은 사람으로 만들어준 케이트를 만나 결혼도 하지 않았을 것이다. 하지만 지금은 첫 번째 아내도 아주 행복하게 지내고 있고 우리는 다시 좋은 친구가 되었다. 엉뚱한 결론이지만 이 모든 것에 대해 테스토스테론에 감사하고 있다.

인터넷에서 내가 진단받은 병에 대한 글을 읽다 보면 매우 불행해지기 쉽다. 복잡한 통계를 설명해주는 정보가 유용할 때도 많지만, 희망을 주는 인정 있는 의사의 역할을 대신할 수는 없다. 친절하고 믿음직한 의사가 주는 희망은 웹사이트나 인쇄물에서 얻는 희망과는 사뭇 다르다. 꼭 의사가 나를 낫게 해줄 거라는 기대 때문만은 아니다. 의사가 최선을 다해 돌봐줄 것이라는 믿음 때문이다.

내가 매우 존경하는 의사이자 작가인 개빈 프랜시스Gavin Francis는 지역 보건의로서 자신의 역할을 '질병이라는 풍경을 안내하는 길잡이'라고 설명한다. NHS에서 이런 도움은 대부분 의사가 아닌 전문 간호사나 인쇄물, 설문지 등으로 제공된다. 나는 치료 설문지를 세 장이나 작성해야 했다. 내가 만난 간호사들은 모두 친절하고 호의적이었으며 훌륭한 사람들이었다. 하지만 그들은 내 치료에 관한 결정에 책임지지 않는다. 간호사와는 치료 방법에 대한 의사결정을 논의할 수 없으며 오직 약의 복용 방법과 부작용 등에 대해서만 얘기할 수 있다. 환자로서는 이런 사실에 힘이 빠질 수 있다. 하지만 이렇게 환자들과 거리를 두면 적어도 종양 전문의에게는 스트레스가 훨씬 줄어들 것이다.

웹 페이지에서 희망을 얻기란 매우 힘들다. 오히려 극심한 공포와 절망에 압도되기 쉽다. 얼마 후 전립선암에 대한 글을 강박적으로 읽는 것을 그만두고 그냥 일상을 계속 유지하기로 결심했다. 인생에서 유일하게 확실한 두 가지는 죽음과 세금이라고 한다. 나는 점점 내 마음을 다루는 데 능숙해졌다. 불안감이 덮쳐오면 스스로에게 나는 적절한 치료를 받을 것이고 모든 사람은 언제든 죽기 마련이며, 70대의 수많은 환자들에 비해 나는 잘 해내고 있다고 얘기하며 주의를 다른 곳으로 돌렸다.

암과 내 미래에 대한 생각에서 벗어나려는 것은 달리기와 비슷하다. 앞으로 얼마나 더 달려야 하는지 생각하면 기진맥진해지고 당장 포기하고 싶어진다. 하지만 지금 다듬고 있는 문장이나 손녀들에게 들려주는 동화의 다음 이야기, 내가 만들고 있는 가구의 디자인 등을 생각하다 보면 몇 마일은 금방 지나있다. 하지만 나를 끊임없이 채찍질하고 무언가를 성취하려 하고 미래의 보상을 위해 현재의 시련을 견디는 게 능사가 아니라는 것도 배웠다. 달리는 도중에 잠시 멈추어 휴식을 취하고 잠시 걷기도 하며 주변 풍경을 감상하는 법도 배웠기 때문이다. 암에 걸리고 얻은 깨달음도 이와 다르지 않다.

실패를 인정하는
의사

　　호르몬 치료를 시작하고 6주가 지난 후 은퇴한 동료가 운영하는 제재소를 방문했다. 1월 중순이었다. 며칠 전에 눈이 왔지만 그 후로는 계속 비가 내렸기 때문에 나는 와이퍼가 쉬지 않고 움직이는 상황에서 A3 도로를 달렸다.

　동료는 구강악안면외과 전문의였는데 (영국 해군의 예비역 장교이기도 했다) 함께 복잡한 두개안면 종양 수술을 진행하기도 했다. 80세를 앞둔 그는 유쾌하면서도 해군 장교의 권위적인 태도 역시 여전했다. 동료의 제재소는 목공인의 극락과도 같았다. 거대한 참나무들이 쌓여있고 그중 어떤 나무에는 눈이 쌓였다가 녹아내리기도 했다. 죽은 나무들을 바라보며 그

안에 숨겨진 곧은결의 나무판을 상상했다. 목재들을 제재소로 옮기는 거대한 굴착기도 있었다. 동료는 최근 경동맥 수술을 받고 만성적인 요통을 앓고 있었지만 여전히 제재소를 직접 운영하고 있었다.

몇 년 동안 그가 구해준 적당한 길이의 참나무로 계단과 테이블, 정원의 울타리 등을 만들었다. 이번에 그를 방문했을 때는 밤나무를 구매했는데 차 뒷자리에 딱 들어맞는 크기였다. 집에 돌아와서야 나는 휴대폰이 사라진 것을 알게 되었다. 목재를 차에 싣다가 주머니에서 떨어뜨린 게 분명했다. 스스로를 탓하며 짙은 안개와 쏟아지는 비를 뚫고 다시 A3 도로를 운전해야 했다. 휴대폰을 다시 찾을 수 있다고 확신은 했지만 마치 내 인생이 휴대폰에 달려 있는 것처럼 극심한 공포에 빠졌다. 다행히도 휴대폰은 대팻밥 위에 그대로 잘 놓여 있었다.

집에 돌아오자 피곤함이 몰려왔다. 목재를 내리려고 하는데 차고 입구를 막고 있는 건축업자의 화물차를 보고 짜증이 났다. 한 청년이 운전자석에 앉아 있길래 화가 난 말투로 차를 빼달라고 요청했다. 그가 차를 옮겨 건너편에 다시 주차하자 내가 심했다는 생각이 들었고 차고에 차를 주차한 다음 그에게 다시 가서 사과했다.

집으로 돌아가려는데 그가 차에서 내리더니 나를 따라왔다.

"저 혹시 선생님 댁 지붕 슬레이트가 느슨해진 거 알고 계세요?" 그가 살가운 목소리로 물었다.

강한 아일랜드 억양을 구사하던 그는 복숭앗빛의 소년 같은 얼굴이었고 미소가 멋졌다.

"그래요? 전 안 보이는데요." 내가 대답했다.

그는 슬레이트 한 장이 제자리에 있지 않다는 걸 알려주려고 애썼다. 내 시력은 예전 같지 않았다. 며칠 전 아들이 런던 밤하늘에 오리온자리가 있다고 손으로 가리켰는데 내 눈에는 도저히 보이지 않아 꽤 괴로웠다.

"제가 고쳐드릴게요." 그가 말했다.

"저희가 이 동네에 몇 가지 작업을 맡아 하고 있거든요." 그는 저쪽 길을 막연하게 손으로 가리키며 말했다.

"고치는 데 비용이 얼마나 들죠?" 내가 물었다.

"아, 50파운드입니다."

"고쳐주실 수 있으면 저야 감사하죠."

최근 궂은 날씨로 인해 겪은 각종 문제와 비가 올 때마다 서툴게 지은 지붕에서 물이 새던 일을 떠올리며 대답했다. 전문가의 도움을 받는 게 현명한 일인지도 모른다.

갑자기 남자 두 명이 긴 사다리를 들고 나타났고 그중 한 명이 지붕으로 올라가더니 나무 조각을 들고 내려왔다.

"이것 보세요. 나무가 제법 썩었네요. 위에 올라가 보니 느슨해진 슬레이트가 많이 생겨서 물이 새는 것 같아요. 수리하셔야 할 것 같은데요."

"그럼 비용은 얼마죠?" 내가 물었다.

그는 계산하는 듯 잠시 생각에 빠졌다.

"1,400파운드 정도 되겠네요." 그가 말했다.

왜 두말하지 않고 이를 수락했는지 지금도 이해할 수 없다. 최근에 암 진단을 받고 마음이 약해져 있었기에 누군가의 동정과 도움을 갈구했던 것 같다. 어쩌면 전립선암 때문에 받은 의료적 거세로 종양뿐만 아니라 내 뇌의 중요한 부분도 함께 줄어들어 순진하게 사람을 덥석 믿게 되었는지도 몰랐다. 어쨌든 그의 터무니없는 제안을 받아들였다.

"계약서에 사인하셔야 합니다." 그가 인쇄된 계약서를 꺼내며 말했다.

"집 안으로 들어가서 사인을 하시죠."

그러나 왠지 그러고 싶지 않았고 우리는 그냥 밖에 서 있었다.

"펜 있으신가요?"라고 그가 묻자 나는 재빨리 서류에 사인했고 위엄 있는 고딕체로 적힌 보증서를 받았다.

"저희는 보통 20퍼센트의 착수금을 받습니다." 그가 말했다.

"지금 현금으로 280파운드가 없는데 어쩌죠?" 내가 대답했다.

"아, 그럼 할 수 없죠." 그가 친절하게 말했다.

내가 얼른 1,400파운드를 내놓을 것이라고 생각했던 것 같다.

"슬레이트를 떼어내는 게 좋을 거야."

그는 사다리를 올라가며 키 큰 동료에게 말했다. 젊은 아일랜드 청년에게 왜 슬레이트를 제거해야 하는지 물어볼 생각도 못 했다. 그와 그의 동료는 다음 날 아침에 돌아오겠다고 약속하며 내 지붕에 구멍을 남겨둔 채 떠났다.

집으로 들어가 지금 무슨 일이 일어난 것인지 이해하려 애썼다. 2년 전에도 정확히 똑같은 사기에 당한 적 있었다. 첫 번째 사기꾼도 같은 전략을 썼었다. 적은 비용으로 지붕의 물받이를 치워주겠다고 제안한 후 썩은 나무 조각을 들고 내려와서 지붕 전체 보수가 필요하다는 불길한 말을 했다. 심지어 1,400파운드라는 견적서까지 같았다. 첫 번째 사기꾼은 우리 집까지 들어와서 집이 얼마나 멋진지에 대해 열정적으로 칭찬을 늘어놓았다. 내가 어리석었다는 것을 깨닫고 전화로—지나치게 정중하게—계약을 취소하겠다고 얘기하기도 전에 집 앞에 비계(건축 공사 시 높은 곳에서 일할 수 있도록 설치하는 구조물)를 설치했다. 이정도면 지붕공사 사기꾼들을 위한 훈련소가 있는 게 분명하다.

부엌 식탁에 앉아 이렇게 한심하게 속아 넘어간 나 자신을 탓했다. 무거운 사다리를 꺼내 지붕에 올라가 파손 상태를 점검해봐야 한다는 사실도 썩 내키지 않았다. 신경외과 의사로서 사다리에서 떨어져 머리나 척추에 심각한 부상을 입은 노인들을 너무 많이 봤다. 무엇보다 사람들이 이렇게 뻔뻔하게 사기를 친다는 사실을 받아들이기 힘들었다.

3단 연장 사다리를 꺼내어 지붕 앞에 세웠다. 지붕 사기꾼들이 슬레이트 6장을 가져갔고 그 과정에서 5장이나 깨졌다는 것을 발견했다. 슬레이트 아래에 있는 펠트에 2개의 틈이 있었는데, 사기꾼들이 일부러 그렇게 만든 게 틀림없었다. 썩은 나무도 없었고 침수된 곳도 없었다. 사인한 계약서에 적힌 번호로 전화를 걸었다. 누군가 전화를 받았다가 끊겼고, 놀랍게도 얼마 지나지 않아 나를 속였던 그 청년이 다시 전화를 걸었다. 내가 늙고 멍청하니까 설득이 가능하다고 확신했을 것이다. 물론 멀쩡한 슬레이트를 깨놓은 사기꾼 덕분에 진짜로 수리를 하게 되었지만 말이다.

"올라가서 지붕을 살펴봤더니 누수된 곳은 없더군요." 나름 예의를 갖추며 말했다.

"아, 서까래는 아래에서만 보여요. 위에서 물이 흘러 들어 가고 있습니다." 그는 자신감 있게 대답했다.

"제 말을 이해하지 못했나 본데요," 나는 약간 의기양양한 태도로 말했다.

"직접 사다리를 타고 올라가 지붕을 확인해봤단 말입니다. 어디서 사기를 쳐."

"사기가 아니에요." 그는 희미한 목소리로 대답했고 그것이 대화의 끝이었다.

그들의 사기가 통하려면 피해자가 지붕에 대해 전혀 몰라서 전문가라고 하는 사람의 얘기를 전적으로 믿어야 한다. 그래서 수리비를 내는 데 큰 어려움이 없을 정도로 부유해 보이는 노인 중 한 명을 고른 후 아첨하면서 신뢰를 쌓고 마음대로 속이기 시작한다. 하지만 어리석다고 얕봤던 노인이 계약서를 다시 꼼꼼히 살펴보거나 직접 지붕 위로 올라가 볼 것이라고는 예상하지 못했을 것이다.

첫 번째 사기를 당했을 때 비계를 빨리 철거해달라고 여러 차례 음성 메시지를 남겼는데도 불구하고 악덕 지붕 사기꾼들은 며칠이 지나도 철거하러 오지 않았다. 몇 주가 지나고 나는 비계를 타고 올라가 직접 지붕 수리를 했다. 지붕에 문제가 있긴 했지만 사기꾼들이 말한 정도는 아니었다. 걷잡을 수 없이 자라는 등나무가―나는 무질서하게 제멋대로 자란 모습과 초여름에 폭포처럼 쏟아지는 파란 꽃을 좋아한다―지붕의 물받이와 벽 사이로 자라면서 물받이가 부서져 누수가 일어났을 뿐이었다. 등나무를 옮기고 물받이에 나사못과 밀폐제로 판금을 덧대어 수리하는 데 하루가 걸렸다.

누군가에게 이 일을 맡겼다면 꽤 비용이 많이 들었을 것이다. 수리공들이 비계를 철거해가지 않은 것이 이상하다고 생각했다. 이베이에 검색해보니 비계 설치만 해도 몇백 파운드는 들었다. 어쩌면 그들은 비계 회사를 상대로도 사기를 쳤을 수 있다. 아니면 내 눈에 보였다간 경찰에게 잡혀갈까 봐 두려웠는지도 모른다. 결국 나는 나이 든 긴팔원숭이처럼 기둥 사이를 이동하며 스패너로 직접 비계를 철거했다. 그리고 1년 정도 보관하다가 아는 건축업자에게 모두 갖다주었다.

두 번째 사기를 당했을 때는 이웃의 소개로 은퇴한 건축업자인 테리와 믹에게 지붕 수리를 맡겼다. 믹은 테리가 79세라고 알려주었지만 자신의 나이는 밝히지 않았다. 나는 사다리를 세운 김에 슬레이트 위로 자라고 있는 등나무의 가지를 정리했다.

케이트에게 이 불행한 사건에 대해 얘기했다.

"그래도 잘했어." 케이트가 다정하게 말했다.

"당신이 몇 살이지? 일흔하나? 일흔하나에 사기를 두 번밖에 안 당했으면 나쁘지 않은 거야. 가끔 속는 경우가 생겨도 계속 사람을 믿으며 사는 게 낫지 않아?"

며칠 후 경제학 교수인 친구와 함께 진흙투성이가 된 템스강 옆길을 걷는 동안 이 얘기를 다시 들려주었다.

"꽤 흥미로운 이야기지? 내가 왜 그렇게 어리석었는지 이해가 안 된다니까. 그 정도로 멍청해질 수 있을지 상상도 못했어." 내가 친구에게 말했다.

"그래서 이야기가 흥미로워지는 거지." 친구가 대답했다.

다행히 사기꾼에 속아 넘어간 나의 이야기는 행복한 결말로 끝난다. 첫 번째 에피소드는 직접 지붕을 수리하면서 큰돈을 아꼈고, 두 번째 에피소드는 가족들의 바람대로 집을 직접 수리하던 것을 그만두었다. 나보다 훨씬 실력이 뛰어난 믹과 테리를 고용함으로써.

지붕 수리공들은 작정하고 우호적인 대화로 나를 끌어들인 다음 감언으로 나의 신뢰를 얻었다. 친절하고 살가운 말을 들으면 비판적 사고를 하지 못한다. 놀라울 정도다. 돌이켜 생각해보면 최면에 걸렸던 것 같다. 대화가 한 번 시작되면 빠져나오기가 점점 힘들어지고, 노련한 사기꾼이 주도권을 쥐고 나를 끌고 간다.

마치 예전에 실습생들에게 얘기했던 오진과 비슷하다. 잘못된 길로 들어갈수록 다시 처음으로 돌아가 재고하기가 더 힘들어진다. 동료가 당신의 실수를 즉시 잡아낼 수도 있지만, 그릇된 신념이나 잘못을 인정하기 꺼리는 태도 때문에 너무 늦은 순간까지 정신을 차리지 못할 때가 많다. 자신을 의심하고 자기 비판적인 태도로 처음부터 다시 생각하는 것보다는 맹목적으로 낙관하며 앞으로 계속 나아가는 것이 더 쉽기 때문이다. 이 때문에 병원에서 힘든 사례들은 함께 의논하고 잘못된 실수를 솔직히 바로잡아줄 좋은 동료와 함께 일하는 것이 중요하다.

환자들이 진료를 받기 위해 나를 찾았을 때, 나는 그들의 신뢰를 당연하게 여겼다. 환자들의 신뢰를 얻기 위해 지붕 수리공들처럼 환자들을 속일 필요가 없었다. 영국에서는 환자들이 개인적으로 비용을 부담하지 않는 이상 어떤 의사에게 진찰을 받을지에 대한 선택권이 별로 없다. 개인적으로 비용을 부담하고 의사를 직접 선택한다고 해도 상황은 달라질 게 없다. 내가 찾아간 의사가 무능하거나 정직하지 못할 수 있다고 생각하면 몹시 마음이 힘들기 때문에 결국 의사를 믿을 수밖에 없다.

그래도 나는 환자들의 신뢰가 옳았다는 것을 보여주기 위해 노력하는 것이 맞다고 생각한다. 신경외과 수술은 위험한 수술이 많고 아무리 최선을 다해도 경과가 좋지 않을 수도 있다. 나는 어떤 상황에서도 나를 계속 신뢰할 수 있도록 환자들과 가족들이 합병증에 대비할 수 있게 했다. 환자들이 더 이상 나를 신뢰하지 않는 상태에서 그들을 치료하는 것은 고문이나 다름없다.

내가 일해 본 곳 중에는 사람들이 기본적으로 의사를 신뢰하지 않는 국가들도 있었다. 모든 국가는 표준을 지키기 위해 면허와 규정 체계가 있지만 부패한 국가에서는 정해진 절차를 건너뛰기도 한다. 우크라이나의 보건부 장관은 의사 자격시험에서 뇌물을 금지시켰기 때문에 자신의 지지율이 매우 떨어졌다고 얘기했다. 학생들은 시험에 합격하기 위해 진짜 공부를 해야 했고 선생님들은 돈을 벌 수 없었다. 안타깝게도 그 보건부 장관은 곧 자리를 내어주어야 했다.

의사는 병에 대해 이야기할 때 일기예보처럼 확률로 얘기한다. 때문에 100퍼센트의 확신을 갖고 예측한다면 틀릴 수밖에 없다. 그래서 그들은 절대 확신하지 않는다.

"의사가 6개월밖에 살지 못할 거라고 했는데 6년이 지난 지금도 저는 잘 살아 있답니다"라는 말을 들어보았을 것이다. 의사의 말처럼 실제로 6개월 안에 세상을 떠난 사람들도 있을 테지만 세상을 떠난 사람들은 의사의 예측이 맞았다고 이야기할 수가 없다.

환자를 처음 만날 때 내가 중요하게 생각하는 것은 신뢰 형성이 아니다. 앞으로 실패할 가능성에 대비하는 것이 더 중요하다. 만약 치료가 실패한다면 어떻게 신뢰를 유지할 수 있을까? 나는 실습생들에게 후유증 관리는 환자와 가족이 외래진료실 문을 열고 들어오는 순간부터 시작된다고 말한다.

실패하더라도 신뢰를 유지하기 위해 노력해야 할 두 가지 방법이 있다. 첫 번째는 환자에게 진심으로 마음을 쓰고 있으며, 한 개인으로서 환자에게 관심이 있고 환자에게 중요한 것이 당신에게도 중요하다는 마음을 보여주는 것이다. 두 번째 방법은 다음의 몇 가지 요령—더 나은 단어가 떠오르지 않는다—을 터득하는 것이다. 환자들과 얘기할 때는 항상 의자에 앉아 있어야 하며 절대 서두르는 것처럼 보여선 안 된다. 이런 태도를 통해 환자에게 '저는 정말 당신에 대해 더 잘 알아가고 싶습니다'라는 메시지를 전달할 수 있다. 지금 의대생들이 배우는 진부한 공식보다 이런 자세를 배우는 것이 훨씬 중요하다. 환자들은 바보가 아니기 때문에 의사의 태도에 진실성이 없다는 것을 바로 안다.

나는 의사가 존경받을 이유가 그들의 성공이 아니라 뼈 아폰 실패에 있다고 생각한다. 실패를 겪었음에도 다음 수술에서 성공할 수 있도록 노력하는 태도가 중요하다. 의사가 수술에 성공하는 것은 딱히 특별한 일이 아니다. 성공 사례가 존재할 수 있는 이유는 완전히 실패했던 사례가 있었기 때문이다.

우크라이나에 방문했을 때 동료와 함께 양성 뇌종양을 가진 아이를 성공적으로 수술한 적 있다. 우리는 위험한 수술을 해냄으로써 승리감에 젖어 있었다. 얼마 지나지 않아 우리는 다른 아이의 종양 수술을 맡게 되었다. 이번에는 악성 종양으로 더 어려운 수술인 건 사실이었다. 수술이 잘 진행되는 것 같았다. 다음 날 아침 나와 동료는 병원으로 출근하기 전 동네 공원을 달리며 매우 만족감을 느꼈다. 공원과 도시는 맑은 겨울 하늘 아래 매우 아름답게 보였다.

병원에 도착했을 때 우리는 그 아이가 수술 후 심각한 출혈로 고통받고 있었다는 걸 알게 되었는데, 밤사이에 병원에서는 아무도 그것을 눈치채지 못했다. 내 잘못이었다. 수술을 시작하기 전에 수술 후 관리에 대해 확인했어야 했는데, 앞서 진행한 수술의 성공으로 후유증에 대해 잘못된 안도감에 빠져 있었다. 실제로 수술 후 관리가 매우 부족했고 출혈로 인해 아이의 상태가 악화되는 것을 아무도 발견하지 못했다.

아이는 수술을 받고 난 후 며칠 만에 서서히 죽어갔다. 그

소녀는 어머니가 홀로 키우는 외동딸이었다. 매일 아이의 어머니와 얘기하는 것은 정말 괴로운 일이었다. 희망을 잃지 않게 하되 서서히 마음의 준비를 하게 해야 하는 상황이었다. 이런 문제—실패를 받아들이고 환자와 그 가족과의 신뢰 관계를 유지하기 위해 노력하는 것—가 의사를 특별하게 만든다. 환자의 침대를 급히 지나치거나 가족들을 피하고, 절반의 진실만 알려주고 이해하기 힘든 전문용어를 남발하며, 다른 방식으로 수술했으면 결과가 좋을 수도 있었다는 사실을 부정하기 쉽다.

아이가 세상을 떠난 후 병원 직원들에게 수술 후 관리에 관한 강의를 진행했는데, 이것이 변화를 가져올 수 있길 바랄 뿐이다. 하지만 이후에 팬데믹으로 우크라이나를 방문하지 못했기 때문에 그 사건이 병원에 변화를 일으켰는지 확인할 수는 없었다.

행복, 남은 날들을 위하여

AND FINALLY
Matters of Life and Death

방사선 치료를 받으며
떠올린 것들

방사선 치료를 시작하기 전 6개월 동안 호르몬 치료를 받았다. 먼저 방사선의 타깃으로 사용될 위치표지자 fiducials를 전립선에 삽입하였고 그러기 위해 다른 병원의 방사선과를 방문해야 했다. 예전에 신경 종양외과 동료들과 뇌 종양 환자들의 사례를 논의하기 위해 일주일에 한 번씩 방문하던 병원이었다. 금요일 아침마다 후배 의사들과 방문했었는데, 회의하기 전 병원 입구 왼쪽의 구내식당에서 푸짐한 아침 식사를 하곤 했다. 지금은 자만심 강한 의사가 아닌 환자의 신분으로 병원 입구 오른쪽의 방사선 치료실로 향한다. 여전히 낯설긴 하지만 복도를 따라 걸으면서 내 한창때가 이미 지났다는 생각이 들었다.

방사선 치료실은 지하에 있었고 정말 놀랍게도 훌륭하게 꾸며져 있었다. 중앙 정원이 아주 크게 있었고 커다란 창문을 통해 빛이 마구 쏟아져 들어왔다. 마치 수도원에 있는 것처럼 차분하고 평화로운 분위기였다. 창문도 없고 사람들로 붐비는 일반적인 외래진료 대기실과는 전혀 다른 모습이었다. '방사선 치료는 최첨단 기술입니다. 방사선 치료로 암을 치유할 수 있습니다'라고 적힌 포스터가 붙어 있었다. 이 문구를 보자 힘이 났다.

친절한 간호사를 만나고 나서 좁은 치료실에 들어가 바지를 벗고 환자들을 무력하게 만드는 병원 가운을 입은 채 옆으로 누웠다. 하지만 이번에는 병원 가운을 입는 게 납득되는 상황이었다. 간호사가 직장에 직장경을 삽입한 후 초음파유도를 활용하여 금으로 만든 위치표지자 3개를 전립선에 주입해야 했기 때문이다. 고통은 잠깐이었다.

"위치표지자는 얼마나 큰가요?" 내가 물었다.

"실린더는 길이가 3밀리미터, 지름은 1밀리미터예요. 24캐럿 금이고요." 그녀가 말했다.

딴 것보다 최근 금값이 계속 오르고 있던 터라 24캐럿이라는 사실이 매우 인상 깊었다.

"재밌는 경험이네요." 내가 바지를 획 끌어 올리며 말했다.

"그렇게 말씀하시는 분은 처음이에요." 그녀가 반신반의한 표정으로 대답했다.

"오래전 일이지만, 신경외과에서 실습받기 전에 일반외과에서 1년을 있었거든요." 내가 설명했다.

"금요일 오후마다 직장 진료를 맡았어요. 시드컵 주민들에게도 저에게도 즐거운 경험은 아니었지만 이제 그들의 기분을 알겠군요. 받는 쪽이 되는 건 언제나 아주 흥미로워요."

간호사는 유인물을 내 손에 쥐여주고 시술로 인해 겪을 수 있는 모든 문제를 일러주었다. 주차장으로 걸어 나오는데 비가 쏟아지고 있었다. 입속의 금니 3개를 떠올리며 소화기관의 시작과 끝에 모두 금이 있다는 사실을 자랑해야겠다고 생각했다.

방사선 치료는 2주 후에 시작되었다. 방사선 치료는 첼시에 있는 왕립 마스덴 병원에서 받았는데, 윔블던 힐 아래에 위치한 우리 집에서 9킬로미터 정도 떨어져 있었다. 가장 빨리 가는 방법은 자전거를 타는 것이었다.

금요일 오후에 첫 치료를 받았다. 아침에 비가 많이 내렸고 완들강 옆길에 쐐기풀과 부드렐아가 구부러진 채 자라 있어서 자전거를 타고 지나갈 때 풀을 밟지 않으려 애썼다. 자전거를 타고 가는 길에 부들레아 향이 가득했다. 한때 런던에는 에프라강, 펙강, 퀘기강처럼 우스꽝스러운 이름을 가진 강이 많았다. 완들강은 하수관으로 바뀌지 않은 두 개 강 중의 하나다. 그 길의 중간쯤에는 높은 울타리가 쳐져 있는 작은 방목장이 있는데, 거기에는 작은 조랑말들이 살고 있다. 그곳을 지날 때마다 울타리에 기대어 조랑말을 구경하는 아이들을 자주 본다. 강 건너편에는 공업 지대가 있다. 대형트럭이 쓰레기를 쏟아내는 소리가 끊임없이 나는 폐기물 집하 시설도 있고 거대한 변압기와 절연기가 있는 전력 변전소도 있으며 경작 대여지도 있다.

나는 얼스필드에서 주요 도로를 타서 원즈워스의 일방통행 길을 가로지르고 영스 램 브루어리—지금은 고급 아파트로 바뀌어 램 쿼터라는 이름으로 불린다—를 지나 템스 길에 도달했다. 템스강둑을 장악한 따분한 아파트 단지를 지나고 앨버트 브리지를 건너며 자전거를 타는 사람들, 달리는 사람들, 개를 산책시키는 사람들, 유모차를 끌고 가는 엄마들을 보았다.

병원에 도착하자마자 지하로 안내받았다. 지하에 작은 방사선 치료 대기실이 있었는데 나뭇잎 무늬가 새겨진 불투명 유리로 된 창문이 있었다. 대기 중인 암 환자를 배려한 차원이었겠지만 결과적으로는 환자와 병원 직원 또한 바깥을 볼 수 없게 되었다. 치료를 기다리는 사람들은 3명밖에 없었는데, 모두 나처럼 딱히 괴로워 보이지도 용감해 보이지도 않았다.

대기실에 앉아 기다리다 보니 놀랍게도 종양 전문의가 수술복 차림으로 모습을 드러냈다.

"선생님이 수술을 하시는지 몰랐습니다." 내가 말했다.

"근접방사선 치료 때문에요." 그가 대답했다. 근접방사선 치료는 전립선에 방사선 알갱이를 주입하는 시술이며 내가 받게 될 치료법과는 다른 전립선암 치료법이다.

"빈 진료실을 찾아보죠." 그가 말했다.

복도를 지나 우리는 창문이 없는 좁은 방에 서로 마주 보고 앉았다. 그는 나의 최근 PSA 수치를 물었고 우리는 잠시 대화를 나누었다. 주로 그의 어린 아들이 기후 변화에 대해 어떻게 생각하는지에 대한 얘기였다. 우리 둘 다 나의 치료 방법이나 진단에 대해서는 별로 말하고 싶지 않은 느낌이었다. 이렇게 단순한 인간적인 소통이 나에게 얼마나 큰 의미인지 그도 알고 있을지 궁금했다.

암을 진단받고 얼마 지나지 않았을 때 70세의 나이에 치료법을 찾거나 희망을 품는 것은 터무니없는 일이라고 스스로에게 말했다. 내가 기대할 수 있는 것은 몇 년 더 좋은 삶을 사는 것이다. 설사 몇 년이 아니라 몇 달밖에 남지 않았다고 해도 지금과 다르게 살 것 같지 않다. 나는 매우 운이 좋은 삶을 살았고, 사랑하는 가족이 있으며, 버킷리스트도 없고, 네팔과 우크라이나에 있는 내 친구들이 몹시 그립긴 하지만 더 이상 세상을 돌아다니며 구경하고 싶은 마음도 없다.

문제는 내가 몇 년 더 살게 된다면, 또다시 몇 년을 더 바라게 될 것이라는 점이다. 계속 살고자 하는 욕구가 너무 강렬해서 감당하기 힘든 육체적 고통을 겪어야만 그 욕구를 잠재울 수 있을 것이다. 어쩌면 그런 상황에서도 며칠만 더 살길 바랄지도 모른다. 하지만 나는 그러지 않을 것이다. 그러지 않길 바란다.

다양한 종류의 방사선 중에 의료 방사선 치료는 주로 전자기 방사선—빛을 포함하는 방사선—의 입자인 광자를 활용한다. 광자는 원자가 여기 상태(들어오는 에너지가 전자를 일시적으로 원자핵 주위의 고에너지 궤도에 진입하게 만드는 것)에 있을 때 방출된다. 그런 다음 전자는 휴식 상태로 돌아가며 이런 과정에서 광자의 형태로 에너지를 방출한다. 방사선 치료는 빛의 파장보다 훨씬 짧은 고에너지 파장을 사용한다.

눈은 인간의 생존에 도움이 되는 특정한 파장에 반응하고 주변에서 일어나는 일 중 일부만 볼 수 있게 진화했다. 곤충들은 우리가 볼 수 있는 것과 다른 파장을 본다. 생존과 번식을 위해 곤충들은 우리가 필요한 것과 다른 외부 세계의 측면을 경험해야 한다. 예를 들어, 벌들은 꽃의 자외선 훈색을 볼 수 있다. 벌들은 우리가 볼 수 없는 편광을 보기 때문에 8킬로미터까지 멀리 날아가도 벌집에서 몇 미터 떨어진 곳으로 다시 돌아올 수 있다.

모든 생명체의 시력은 빛에 반응하여 모양을 바꾸고 신경 자극을 유발하는 옵신opsins이라고 하는 분자에 달려 있다. 다른 옵신은 빛의 다른 파장에 반응한다. 여름에 연못 위를 날아다니는 잠자리는 거대한 망막에 최대 30개의 옵신 단백질을 갖고 있다. 인간은 빨간색, 파란색, 노란색 파장에 반응하는 단 3개의 옵신 단백질을 갖고 있다. 우리 뇌는 이 3가지 원색을 결합하여 여러 가지 다른 색을 만들어낸다.

일부 연구자들은 곤충들이 일종의 의식적 경험을 할 수도 있다고 얘기한다. 포유류와 곤충의 중뇌—뇌간의 윗부분—의 구조에는 유사점이 있는데, 바로 그곳에서 의식적 경험이 일어난다고 한다. 여기서 말하는 의식적 경험은 인간처럼 자아를 의식하거나 생각하는 능력이 아닌 고통이나 배고픔을 느끼는 감각을 의미한다.

처음 신경외과 교육을 받을 때 환자들의 의식은 뇌간과 대뇌피질에 달려 있다고 배운다. 가끔 자살 기도로 못이나 끌, 전기 플러그, 나무 울타리 등이 두개골에 박힌 채로 병원에 실려 오는 환자들을 볼 수 있다. 심지어 상처에서 뇌 조직이 나오는 경우도 있다. 이렇게 심각한 손상을 입어도 정신이 완전히 깨어 있는 환자도 있지만, 뇌간의 아주 작은 부분이 손상되었을 뿐인데도 의식불명 상태에 빠지는 환자도 있다.

무뇌수두증―뇌간은 온전하지만 대뇌피질이 거의 소실된 채 태어난 아기들―을 가진 아기들에게도 비슷한 문제가 있다. 나는 무뇌수두증을 앓는 아이들과 그들의 부모를 만난 적 있다. 그들은 기쁨과 분노, 고통처럼 보이는 다양한 표정을 보여준다. 하지만 이런 표정이 단순히 반사운동인지 아니면 어느 정도 감정을 느낄 수 있는 것인지 알 방법이 없다. 어떤 연구원들은 무뇌수두증을 앓는 아이들도 감정을 느낀다고 주장한다. 그들의 부모도 아이들이 감정을 느낀다고 생각한다.

나는 매일 아침 자전거를 타고 치료를 받으러 다녔고 대기 시간은 길지 않았다. 내 이름이 불리면 불이 밝게 켜진 복도를 따라 커다란 기계가 있는 진료실로 들어가서 기계에 눕는다.

"헨리 마시. 1950년 3월 5일생."

열병식에 참석한 이등병처럼 이름과 생년월일을 말한 다음 바지와 속옷을 벗었다. 방사선 촬영기사는 몇 달간의 호르몬 치료로 보기 싫게 통통해지고 털이 없어진 내 하반신을 조심스럽게 밀어 기계 위에서 내려오는 레이저 빛을 바로 쬘 수 있도록 자세를 만들어주었다. 그러고 나면 방사선 촬영기사는 치료실에서 나가고 나 혼자 남는다. 이 대단하고 거대한 기계에 마술적인 힘을 부여하고 이 치료가 나를 구해줄 것이라는 희망에 부푼다. 이 기계가 작용하는 양자역학의 원리는 너무 어려워서 내가 이해할 수조차 없다. 몇 분 후 기계는 서서히 내 주변으로 회전하기 시작한다. 기계는 움직이면서 이상한 소리를 냈다. 멀리서 우스꽝스러운 웃음소리를 내는 개구리들의 합창 소리 같다.

커다란 방사선 기계에 누워 볼 수도, 들을 수도, 냄새 맡을 수도 없는 파괴적인 광자의 공격을 암세포가 받고 있다는 것은 낯선 경험이었다. 내 삶이 이 양자역학의 마법 같은 불가시선에 달려 있다는 사실도 낯설었다.

'양자 치료quantum healing'라고 하며 돈을 버는 엉터리 치료법이 있다. 양자 입자는 우리가 살고 있는 거시적 세계에서는 불가능한 일들을 한다. 이 때문에 말기 암 치료처럼 불가능해 보이는 일이 가능해진다는 주장이 나온다. 아프고 불안한 사람들에게 이런 꿈 같은 이야기를 들려주며 큰돈을 번다.

치료용 선형가속기에는 헛된 마법이 없다. 이것은 수천 명의 과학자들과 엔지니어들이 수십 년의 노력 끝에 만들어낸 물리학과 첨단 공학의 승리다. 방사선 기계에 있는 마그네트론은 전자레인지와 같은 원리로 고주파(광자의 흐름)를 생성하고 전자총은 이 고주파 안으로 전자를 내보낸다. 전자는 파도를 타고 빛의 속도에 가깝게 가속되어 텅스텐 표적과 충돌하고 광자를 내뿜는다. 광자는 손전등 불빛처럼 좁은 빔의 형태로 바뀌어 암에 발사된다. 강도와 형태를 조절함으로써 종양에는 고선량의 엑스선이, 주변 신체에는 비교적 저선량이 전달된다.

방사선 치료는 경로에 있는 모든 세포를, 특히 세포의 핵에 있는 DNA를 손상시킴으로써 효과를 낸다. 종양과 건강한 세포 모두에게 적용되지만, 중요한 차이점은 암세포는 건강한 세포보다 손상된 DNA를 복구하고 다시 결합하는 능력이 떨어진다는 것이다. 건강한 세포는 DNA를 복구하기 위한 다양한 메커니즘을 갖고 있다.

현실적인 관점에서 이 모든 것이 나에게 의미하는 것은 종양이 죽는 데 몇 달은 걸릴 것이라는 사실이다. 암이 전립선 내에 있어서 방사선 치료 표적의 경계가 명확하다면 거의 확실히 암을 치료할 수 있다. 하지만 나는 너무 늦게 병원을 찾았고 암이 전립선 근처로 퍼져나가서 (특히 정세관으로) 더 이상 명확한 표적을 정할 수 없다. 흩어져 있는 소수의 암세포에는 고에너지 광자가 닿지 못할 가능성이 있다.

치료는 한 달 동안 지속되었는데, 일주일에 5일, 총 60 그레이—방사선을 측정하는 단위—의 방사선을 쬐었다. 기계에 자리를 잡자 기계 양쪽에서 상자처럼 생긴 구조물이 두 팔로 포옹하듯 나를 에워싸며 엑스레이를 찍었다. 엑스레이를 통해 전립선에 삽입된 금 위치표지자의 위치를 보다 정확히 파악할 수 있고 이는 방사선의 조준을 돕는다. 치료 전에 받은 CT 스캔 정보도 방사선 조준에 활용된다. 이 순간엔 방광은 꽉 차 있고 직장은 비어 있어야 하는데 이것은 치료할 때도 마찬가지다. 그렇지 않을 경우 문제가 생길 수 있다. 장 상태가 만족스럽다고 판단되면 방사선 치료를 받아도 괜찮다는 의미의 버저가 울린다. 그러고 나면 비로소 기계의 거대한 갠트리가 천천히 그리고 엄숙하게 내 주변을 돌기 시작하고 방사선 치료가 시작된다. 처음에 엑스레이 찍을 때는 기계에서 몇 번의 찰칵 소리가 들렸는데 실제 치료가 시작되자 개구리들의 합창 소리가 들렸다.

이 모든 과정은 일상이 되었고 금세 기계가 어떤 순서로 움직이고 어떤 소음을 내는지 알게 되었다. 하지만 2주가 지나자 엑스레이를 찍고 나서 멈춰 있는 시간이 길어졌다. 방사선

사가 다시 치료실로 들어왔다.

그녀는 미안한 듯이 주저하며 말했다.

"죄송하지만 직장이 꽉 차 있어서 비워내셔야 할 것 같아요."

"오, 이런." 내가 대답했다.

방사선 치료를 받을 수 있는 상태가 될 때까지 두 시간 동안 애를 썼고 터질 것 같은 방광으로 엄청난 불편함을 겪었다. 그 후로 치료를 받을 때마다 엑스레이를 찍을 때까지 초조하게 기다리다가 버저가 울리면 그제야 깊은 안도의 한숨을 쉬었다. 장이 충분히 비어 있다는 의미이기 때문이다. 기계가 회전하며 방사선을 조사하기 시작하면 나는 행복한 미소를 지었다. 치료가 막바지에 이를 때쯤엔 방광을 비우면 안 된다는 조건을 지키는 것이 매우 힘들어졌다.

나는 인터넷에서 실금에 대한 글을 찾아 읽었다. 그렇게 실금의 지하세계에 눈을 떴고 기저귀부터 카테터 시스템을 통한 음경 클램프까지 실로 다양한 방법이 존재한다는 것을 알게 되었다. 이제 신생아들보다 성인을 위한 기저귀가 더 많이 판매되는 것 같다. 현대 사회에서 일어나고 있는 엄청난 인구통계학적 변화를 보여주는 증거다. 실금의 위협이 점점 커지면서 자전거 바구니에 여분의 바지와 속옷을 넣어 다니기로 했다.

방사선 치료를 받는 마지막 날, 자전거를 타고 배터시에 이르렀을 때 갑자기 소변을 참기 힘들었고 난처하고 수치스러운 상황에 일어날까 봐 두려웠다. 그러다 갑자기 이동식 화장실을 발견했다. 공사장에서 일하는 인부들을 위해 항상 존재했던 화장실이겠지만 한 번도 눈에 띄지 않았었다. 다행히 화장실 문도 열려 있었다. 나는 화장실의 수호성인께 기도를 드리며 뛰어 들어갔다.

의사가 방뇨라고 부르는 배뇨 조절은 의학 지식 중에서도 대중에게 잘 알려지지 않았다. 방광을 비우는 반사적인 반응을 일으키는 방광벽의 신장 수용기와 척수, 뇌간 사이에 비교적 단순한 반사 신경이 있다. 그러나 이 반사작용은 의식적인 통제하에 있고 대뇌피질의 지배를 받고 있다. 전두부 두뇌 손상은 흔히 요실금과 관련이 있다.

점점 내 삶을 지배하고 있는 과민 방광 상태가 내가 바쁘거나 산만해졌거나 의식적인 관심이 다른 곳에 가 있을 때는 문제를 덜 일으킨다는 것을 깨달았다. 예를 들어, 초인종이 울리면 소변을 참지 못할 것 같던 느낌이 사라진다. 절박뇨의 증상을 완화할 수 있는 여러 약물이 있지만 대부분 뇌에 영향을 주고 인지적 영향을 미치며 치매와 연관이 있다. 나에게 이 약을 처방해줄 때 이런 사실을 알려주지 않았다는 사실에 놀랐다.

어쩌면 내가 의사였기 때문에 이미 알고 있다고 생각했을 수 있다. 그러나 나는 전혀 모르고 있었고, 인터넷에서 검색을 해 보니 이 약물의 도움을 받지 않는 편이 더 나을 것 같았다.

마지막 치료는 새로운 기계가 아닌 오래된 기계에서 진행되었다. 접착테이프를 붙여놓은 자국이 있었고 삐걱거리는 소리를 내며 내 주위를 돌았다. 꼭 관절염이 있는 내 무릎 같았다. 비웃는 개구리들의 소리도 들리지 않았다.

내가 조력존엄사에
찬성하는 이유

첫 번째 락다운이 시작되면서 디포의 《전염병 연대기》를 읽었다. 1665년 대역병이 일어난 지 60년 후에 쓰인 이 책은 주로 디포의 삼촌이 쓴 일기가 바탕이 되었는데 가독성이 매우 뛰어나다. 책 속 한 구절에서 그는 사람들이 어떻게 고통 속에서 죽었는지 묘사한다. 사람들은 육체적인 고통뿐만 아니라 영적인 고통도 겪었다. 자신의 죄를 너무 늦게 고백해서 영원한 지옥으로 떨어질까 봐 두려워했기 때문이다. 죽음에 가까워진 사람들은 아직 병에 걸리지 않은 사람들에게서 죄에 대한 용서를 구하라고 애원한다.

나는 사후 세계를 믿지 않는다. 내가 죽은 후에 벌이나 보상을 받는다거나 세상을 떠도는 불행한 유령이 될 수 있다고 생각하지 않는다. 생각과 감정은 물리적 현상이라는 신경과학의 메시지를 받아들이고 나면 사후 세계는 있음직하지 않은 것으로 여겨진다. 그렇지만 신경과학자들 중 소수는 사후 세계를 믿기도 한다. 내가 암에 걸렸다는 소식을 듣고 우리의 삶은 천국의 잔치에 가기 전에 즐기는 카나페와 식전 음료에 불과하다는 말을 한 사람도 있다. 나는 천국으로 가는 티켓을 산 적이 없다.

내가 죽으면 나를 구성하는 원자들은 천국의 잔치가 아니라 다른 형태의 물질이 되기 위해 재배열될 것이다. 우리는 우리보다 더 오래 사는 사람들의 기억에서 존재하게 된다. 피라미드, 예배당, 묘비에서처럼 말이다. 심지어 이것들도 영원히 존재하지 않는다. 그래도 좋은 기억을 남기기 위해 주어진 삶을 열심히 살아야 할 의무가 있다.

처음 전립선암을 진단받았을 때는 이를 받아들이는 것이 힘들었지만, 죽음에 대해 생각할수록 정말 중요한 질문은 '나는 어떤 죽음을 맞이할 것인가?'라는 것이 명확해졌다.

의사로서 많은 사람들이 죽는 것을 지켜보았다. 편안히 죽는 사람도 있고 그렇지 못한 사람도 있다. 죽는 방법은 다양하다. 빨리 죽을 수도 있고 서서히 죽을 수도 있고 고통이 없을 수도 있고 있을 수도 있다. 때로는 집중 치료와 소생술로 수명을 더 유지하기도 하지만 그것은 죽음을 부정하고 싶은 마음에서 나오는 속임수가 되기 쉽다. 안타까운 점은, 편하게 죽는 경우는 아주 드물고 대부분의 사람들은 병원에서 (소수의 사람들만 호스피스에서 생을 마감한다) 낯선 사람들의 보살핌을 받으며 존엄성과 자율성이 거의 없는 상태로 생을 마감한다는 사실이다.

의학은 인류에게 대단하고 멋진 축복을 가져다주었지만 저주도 함께 가져왔다. 극심한 고통을 경험하는 사람은 전보다 줄었을 수 있지만, 죽음은 어느 날 갑자기 일어나는 것이 아니라 고통스럽게 겪는 장기 경험이 되어버렸다. 현대의 진단 기술은 나의 경우처럼 비교적 건강할 때 질병과 죽음을 예측하고 미리 알려준다. 죽을병에 걸렸다는 진단은 모든 것을 바꿔버린다.

전립선암은 주로 뼈로 전이된다. 그렇게 되면 매우 고통스럽고 죽음을 마주하기까지 오랜 시간이 걸릴 수 있다. 종양이 척추로 퍼지면, 죽음이 나를 놓아줄 때까지 꽤 오랫동안 다리나 팔, 혹은 둘 다 마비될 수 있다. 만약 척추 전이가 척수를 심하게 압박하지 않는다면 수술로 마비를 늦출 수는 있다. 의사들이 말하듯이 임상 증상은 전형적이다. 환자는 요통을 느끼는데 일반적인 요통과는 다르게 2~3주 후에도 나아지지 않는다. 증상이 더 악화되기도 하고 주로 밤에 더 고통스럽다. 종양이 척수를 직접적으로 누르기 시작하거나 척추골을 무너뜨리고 압박하면서 환자는 다리가 약해지고 저리는 증상을 느끼게 된다. 이런 증상이 며칠 혹은 몇 주에 걸쳐 진행되다가 실금과 완전한 마비를 겪는다.

신경외과 의사들은 이 마지막 단계에 있는 환자들을 한쪽 끝이 잘린 것 같은 상태라고 말한다. 이 단계까지 수술을 하지 못하면 이후에 수술을 한다 해도 큰 차도를 내지 못한다. 환자들은 완전히 마비된 채 죽음을 맞이한다. 만약 운이 좋지 않으면 사망에 이르기까지 꽤 오랜 시간이 걸릴 수도 있다.

척추에 전이된 전이성 전립선암 수술을 받으면 생명을 연장시켜주지는 않지만 적어도 다리를 잃지 않은 상태에서 죽음을 맞이할 수 있다. 만약 환자가 걸을 수 있을 때 수술을 받는다면, 적어도 6개월은 더 살 수 있기 때문에 수술받을 가치가 있다. 나는 이런 문제를 가진 많은 노인들을 돌보았다. 최근까지 이것은 단순한 수술이었다. 척수를 누르고 있던 종양과 뼈를 제거함으로써 척추를 '압축 해제'시키는 것이 전부다. 하지만 종양으로 인해 척추골이 무너졌다면 보통 수술로 증상이 더 악화될 수 있기 때문에 수술을 받지 않는 게 낫다.

이렇게 수술 여부를 판단하기 쉬웠다. 일상적이고 간단한 수술이었고 환자들은 가능한 한 빨리 종양 전문의를 만나러 가기 위해 수술을 받고 빠르게 떠났다.

그 이후로 온갖 종류의 금속 삽입물이 발달되어 무너진 척추골 문제도 해결할 수 있게 되었다. 복잡한 티타늄 골격을 세워 무너지는 척추를 펴고 단단하게 유지할 수 있게 도와주는 것이다. 지금은 정형외과 의사와 신경외과 의사가 함께 수술을 진행한다. 나는 은퇴하기 오래전부터 이런 수술을 맡지 않았다. 위험과 이득 사이를 판단하고 결정하는 것이 더 힘들어졌다. 증상이 더 악화되기 전에 수술을 받아야 할까? 어느 시점이 되어야 환자가 큰 수술을 받기엔 상황이 좋지 않다고 확신할 수 있을까?

만약 환자에게 살날이 몇 달밖에 남지 않았다면 수술을 하는 큰 의미가 없다. 의사결정을 돕기 위해 의사들이 좋아하는 긴 약어(실제보다 더 정확하게 들리게 한다)를 가진 복잡한 알고리즘이 개발되었다. 여전히 판단의 문제로 남아 있는 이 현안에 있어 의사들은 실수할 수 있으며 때로 의사들이 지나치게 낙관적일 때가 있다는 것이 문제다.

이미 다리를 잃은 환자들은 수술을 통해 얻는 것이 없다. 헛된 희망을 일으켜 귀한 수술실 침대가 낭비되는 것을 지양

해야 하므로 수련의들이 이런 환자들을 입원시키면 심한 비난을 받는다. 그리고 누군가는 환자에게 나쁜 소식을 전해야 한다. 나는 허리부터 하반신이 완전히 마비된 70세의 남성 환자를 기억하고 있다. 그는 대소변을 가리지 못하고 걸을 수 없을 뿐만 아니라 도움 없이는 침대에 앉을 수도 없었다. 그를 입원시킨 수련의에게 소리친 후 어쩔 수 없이 이 불쌍한 환자에게 소식을 전해야 했다. 늦은 오후였고 그는 병상 4개로 이루어진 전형적인 NHS 병실에 누워 있었다. 나는 커튼을 치고 그의 옆에 앉았다.

내 소개를 하자 그는 나를 희망에 찬 눈으로 바라보았다.

정확히 그에게 어떤 말을 했는지 기억나지 않지만, 그가 전처럼 회복될 가능성은 없다고 얘기한 것은 기억난다. 마비 상태를 고려했을 때 집에 돌아갈 수 있다는 희망도 줄 수 없었다. 그가 장애가 있는 아내를 돌보고 있다고 말했기 때문이다. 자녀들은 모두 먼 곳에 살고 있었다. 그는 말없이 내 얘기를 듣고 있었다. 나는 그에게 인사를 건네고 병실을 떠났다. 자전거를 타고 집으로 가는 길에 그에게 닥친 상황에 대해 생각했다.

그리스에서 유래된 안락사euthanasia라는 단어는 좋은 죽음을 의미한다. 죽어가는 사람이 죽을 수 있게 의사들이 도와줄 수 있다는 개념은 새롭게 나타난 것이 아니다. 일찍이 토머스 모어 경은 유토피아를 묘사하며 이런 개념을 옹호한 적이 있다. 물론 이는 독실한 신자로서 천국에 대한 확고한 믿음을 바탕으로 한 것이지만. 원시 시대 수렵·채집 사회에서도 이런 관습이 존재했다는 기록이 있다. 20세기 히틀러가 장애와 만성질환을 가진 사람들을 대량 학살한 것을 묘사할 때 안락사라는 단어가 쓰인 후부터 이 단어는 매우 부정적인 의미를 얻게 되었다.

안락사는 의사가 환자의 동의 없이 환자를 죽이는 것을 의미하므로 조력존엄사assisted dying와는 다르다. 조력존엄사는 환자의 자율성과 선택에 달린 행위라는 사실을 아무리 강조해도 지나치지 않다. 조력존엄사는 조력자살assisted suicide이라고도 불렸는데, 이 명칭 또한 이것은 환자의 결정에 관한 문제이고 자살은 불법이 아니라는 사실을 명확히 내포하고 있다.

과거에 합법적으로 구한 몇 가지 약물로 내 삶을 마감할 수 있는 자살 키트를 생각해본 적 있다. 암을 진단받은 후 내 죽음이 얼마나 비참할지 상상하면서 더 절박해졌는데 자살 키트가 제대로 기능하지 않을까 봐 걱정되었다. 과다 복용한 알약을 전부 토해낼 수도 있는 것이었다. 절망에 빠진 나는 의사이자 가까운 친구에게 전화를 걸었다. 그에게 암에 걸린 소식을 전하며 눈물이 터졌고 앞에 앉아 있던 케이트도 함께 눈물을 흘렸다. 나는 한동안 친구와 내 병에 대해 논의했다.

"그런 생각을 하기엔 아직 이른 거 아니야?" 그가 물었다.

"맞아. 그래도 최악의 상황에 대비하고 싶어." 내가 말했다.

나는 잠시 머뭇거리다가 얘기했다.

"마지막 순간이 왔을 때, 도움이 필요하다면 나를 도와줄 거라고 약속하지?"

"그래, 약속해." 그가 말했다.

그가 약속해준 덕분에 괴로움이 어느 정도 완화되었지만 완전히 사라지지는 않았다. 물론 자살이라는 건 언제든지 할 수 있지만 적합한 약물을 얻는 데 제한이 있기 때문에 끔찍한 방법을 쓸 수밖에 없다. 높은 곳에서 뛰어내리거나 목을 베거나 목을 매거나 질식으로 죽어야 한다. 미국에서는 매년 20,000건의 총기 자살이 일어난다. 이렇듯 조력 없는 죽음은 당사자와 가족 모두에게 고통을 안겨준다.

내가 아는 장의사가 말하길, 그녀는 이런 방식으로 세상을 떠나는 노인들을 자주 보는데—가끔 스스로 절식을 택하는 경우도 있다—그들의 죽음은 자살로 분류되지 않는다고 한다. 그렇게 세상을 떠난 노인들로 인해 가족들이 얼마나 비참함과 죄책감을 안고 사는지에 대해서도 그녀는 얘기해주었다.

돈이 있다면 취리히에 있는 디그니타스병원처럼 스위스에 있는 병원 중 한 곳을 가면 된다. 다만 비용이 저렴하지 않다. 스위스에 나쁜 감정이 있는 건 아니지만 스위스에서 생을 마감하고 싶지 않다. 대부분의 사람들이 그렇듯 나도 집에서 생을 마감하고 싶다.

막상 마지막의 순간이 왔을 때 자살하고 싶지 않을 수 있다는 사실도 인지하고 있다. 많은 사람들이 죽어가고 있다는 사실과 살 수 있다는 믿음이 복합적으로 존재하는 해리성 상태에 빠지곤 한다. 우리 어머니와 내 환자들이 이런 상태에 빠지는 것을 목격한 바 있다.

나에게도 이런 현상이 시작되는 것을 느꼈다. 당장 죽음을 생각할 단계는 아니었지만 처음 암을 진단받았을 때 희망과 절망 사이를 오가며 극심한 감정 변화에 시달렸다. 동시에 상반된 감정을 느끼는 것은 불가능하다. 인간은 착시처럼 두 가지 감정을 번갈아 가며 느낀다. 결국 미래가 없다는 확신에 직면하면서도 희망을 버릴 수 없기에 자아는 불일치하는 여러 갈래의 신념들로 분리된다.

나치 의사들이 저질렀던 대량 학살과 환자 동의 없이 진행됐던 많은 의학 실험을 계기로 1947년에 뉘른베르크 강령이 공포되었고 이것은 자율성, 선행, 정의, 무해성이라는 4대 의료 윤리로 발전했다. 무엇보다 환자들의 자율성이 가장 중요하다. 영국에서는 환자의 자율성은 곧 환자들이 추가적인 의학 치료를 거부할 권리를 의미한다. 비록 그것이 죽음을 야기한다 해도 말이다. 그렇다면 영국에서 조력존엄사를 불법으로 지정하는 것은, 환자의 자율성을 돕는 합법적 행위를 불법으로 규정한다는 뜻이다. 정말 비논리적이지 않은가?

현재 벨기에, 캐나다, 스페인, 뉴질랜드, 독일, 미국의 여러 주, 오스트리아, 네덜란드처럼 많은 국가에서 조력존엄사가 합법화되었다. 합법화하는 국가들은 점점 늘어나고 있다. 국가들마다 충족해야 할 기준도 다르며 진행 방법도 다르다. 네덜란드에서는 치사 주사로 진행되고 캘리포니아에서는 환자가 약물 혼합제를 직접 마셔야 한다. 힘겨운 고통을 겪거나 환자의 생존 기간이 6개월 미만일 경우에만 허용되며 독립적으로 활동하는 전문가의 검토도 받아야 한다. 최근 네덜란드에서는 불치병을 진단받거나 힘겨운 고통을 겪지 않아도 완전하게 삶을 마무리 지으려는 이유의 조력존엄사를 허용하자는 캠페인이 일어나고 있지만, 아직까지는 성공을 거두지 못했다.

영국에서는 영향력 있는 소수 집단—특히 고통 완화 치료를 담당하는 의사, 장애인권리 운동가, 몇몇 하원의원—이 모든 형태의 조력존엄사를 완강히 반대한다. 대부분 종교적 신념에서 나온 것이겠지만 나는 그들의 신념이 이 논쟁과는 무관할 것이라 생각한다. 여러 차례 진행된 여론 조사에 따르면 80퍼센트가 조력존엄사의 합법화를 찬성하는 것으로 드러났지만, 조력존엄사의 합법화를 위한 법안은 2015년 하원에서 부결되었다. 국회 의사록을 확인해보면 한 하원의원은 조력존엄사에 사용되는 약물이 환자를 질식사하게 만들기 때문에 고통스럽고 야만적이라고 발언했다. 믿기 어려울 정도로 무지한 발언이다. 토론에 참여한 또 다른 하원의원은 조력존엄사가 허용되는 미국 오리건주의 여론 조사를 근거로 제시했다. 그는 조력존엄사를 원하는 사람들의 50퍼센트가 가족에게 부담 주고 싶지 않다고 얘기한 것을 언급하면서, 이런 이유로 조력존엄사를 허용하는 건 안 된다고 주장했다. 같은 조사에서 훨씬 더 많은 사람들이 죽음에 대한 환자의 자율성이 사라지는 것을 우려한다는 결과는 언급하지 않은 채.

나의 조력존엄사가 가족에게 부담을 준다는 주장은 다소 이상하게 느껴진다. 나는 내 가족을 사랑하고 그들에게 부담이 되고 싶지 않은 것은 당연하다. 하지만 동시에 내 가족 또한 나를 사랑하므로 내가 고통받는 것을 원치 않을 것이고 투병 기간이 길어져 내가 슬프고 고통스러운 기억을 안고 비참하게 죽는 것도 원치 않을 것이다.

이것은 특정한 법적 보호 장치에 따라 당사자가 직접 선택하고 결정해야 할 문제다. 독실한 척하는 하원의원들이나 신을 두려워하는 의사들이 어떻게 살고 죽어야 하는지를 결정해서는 안 된다. 병원에서 겪은 경험을 비춰보면 환자는 죽을 준비가 되었지만 가족은 떠나보낼 준비가 안 된 경우가 많다. 결국 남겨질 사람들은 가족들이기 때문이다. 죽음은 한 개인의 생이 마감되는 문제일 뿐만 아니라 남겨진 사람들의 비통한 삶에 관한 문제이기도 하다.

많은 국가에서 조력존엄사가 실행되고 있다는 것은 실제로 조력존엄사가 어떻게 진행되는지 확인할 수 있는 믿을 만한 자료가 생겼다는 뜻이다. 최근까지는 아무런 증거가 없었기 때문에 반대 측 가설을 부인할 근거가 부족했다. 하지만 이제 그 주장들을 부인할 자료가 많아지고 있으며 반대자들이 걱정하는 일들은 아무것도 현실화되지 않았음이 증명되었다.

근래 조력존엄사를 반대하는 사람들은, 취약한 사람을 대상으로 자살을 설득하거나 압박하는 악행이 늘어날지 모른다고 주장한다. 그들이 말하는 취약한 사람은 죽어가는 사람들, 장애가 있는 사람들, 나이 든 사람들이다. 조력존엄사를 합법화하면 취약한 사람들의 삶 전체가 평가절하되면서 사회가

타락할 것이라고 주장한다. 이것은 전적으로 가설에 근거한 주장이다. 실제 조력존엄사가 허용된 국가들에서 이런 일은 일어나지 않고 있다. 그들의 주장은 법적인 안전장치의 존재를 무시하는 것이다. 이들 주장의 목적은 의혹을 품게 하는 것으로, 상대편 주장에 반대되는 증거를 제시할 수 없을 때 사용하는 방법이다.

연로한 부모나 조부모를 빨리 사망하게 하거나 혹은 유산을 차지하기 위해 그들을 방치하고 학대하여 자살을 유도할 것이라는 주장도 있다. 한 마디로 자살이 너무 쉬워지거나 편해진다면, 현재 삶이 고통스러운 취약 계층이 스스로 죽고 싶어할 가능성이 과도하게 커진다는 것이다. 이를 '죽을 수 있는 권리가 죽어야 할 의무로 바뀔 것이다'라는 그럴듯한 말로 묘사하면서. 이렇게 주장하는 사람들은 죽을 권리가 없다는 것이 도리어 고통받을 의무를 부과한다는 사실은 인정하지 않는다. 조력존엄사를 허용하는 국가들에서 그들이 우려하는 일이 발생한다는 자료는 어디에도 없다. 사회 공익을 위해 스스로 죽고 싶어할 노인이 대체 어디 있겠는가. 아니면 영국의 가족이나 의료진이 유달리 취약 계층에게 냉담하다는 의미인가?

조력존엄사를 금지하는 것이 냉담한 사회와 잔인한 범죄

를 저지할 보호막이라는 개념은 어딘가 이상해 보인다. 조력존엄사를 허용함으로써 따라오는 안전장치가 노인학대를 식별하고 예방하는 데 더 큰 역할을 할 것이다.

조력존엄사의 합법화가 호스피스 케어를 줄이는 수단으로 악용될 것이라는 반대 의견도 있다. 다시 말하지만, 이것도 조력존엄사가 허용된 국가들에서 입증되지 않은 주장이다. 조력존엄사는 완화 치료의 일부로 봐야 한다. 실제로 영국에서도 말기 환자에게 진정제를 처방하는 형태로 조력존엄사가 비공식적으로 실행되고 있다.

다만 이것이 정직하지 못한 완화 치료의 임시방편이라는 것에는 동의한다. 고통과 괴로움을 완화하기 위한 목적인 척 다량의 아편류 진통제를 처방하지만, 사실 이 약물은 환자의 죽음을 앞당기는 데 사용된다. 그것은 동의 없는 안락사나 다름없는데 수련의 시절에 나도 처방한 적 있었다. 당시에는 나도 그것이 옳은 행동이라고 생각했지만 환자나 환자의 가족과 충분한 논의 없이 행해진 건 분명 잘못이다.

문제는 이런 처방이 쉽게 남용될 수 있다는 사실이다. 조력존엄사가 합법화되지 않으면 결국 의사의 손에 너무 많은 권력을 쥐여주게 된다. 조력존엄사가 합법화되지 않고는 정직하고 열린 토론이 일어날 수 없고 완곡한 표현과 반쪽짜리 진실만 얘기할 것이다. 그렇게 의사들은 곤란하고 힘든 대화를 피할 수 있다.

조력존엄사의 반대론자들은 네덜란드를 예로 들며, 조력존 엄사를 허용한 후에 상황이 더 악화되었다고 말한다. 너무 많은 사람들이 이른 시기에 사망하게 되었다고 말이다. 네덜란드의 상황이 끔찍한지 아닌지는 견해의 문제지만, 조력존엄사가 합법화된 다른 국가들에서는 조력존엄사로 인한 사망자가 의미 있는 수치로 증가하지 않았다. 이는 법적 안전장치를 어떻게 설계하고 해당 국가의 문화가 어떤지에 달려 있는 문제다. 한 가지 확실한 것은, 네덜란드인들은 영국인들처럼 곤란한 대화를 피하지 않는다는 사실이다.

내 나이대의 많은 사람들은 부모가 치매에 시달리는 모습을 지켜봐야 했을 것이다. 우리 아버지도 10년이 넘게 치매로 기억을 잃어가다가 96세에 세상을 떠나셨다. 대부분의 사람들이 이런 상황 앞에서는 무력해진다. 조력존엄사가 합법인 모든 국가에서는 이를 요청하는 사람은 반드시 의사 능력이 있어야 하기 때문에―예를 들어 치매에 걸린 사람은 조력존엄사를 요청할 수 없다―조력존엄사가 큰 도움은 되지 않는다. 의사 능력이 아직 남아 있을 때 초기 단계의 치매를 진단받는 경우도 있는데, 이런 상황에 있는 몇몇 영국인들이 디그

니타스병원을 찾기도 한다. 이런 선택은 매우 어려운 결심과 결단이 필요하다.

네덜란드에서는 치매로 의사 능력을 잃게 되면 조력존엄사를 선택하겠다는 지시문을 미리 작성할 수도 있다. 하지만 이를 이행하려는 의사들은 많지 않다. 만약 내가 치매 환자라면 나 역시 조력존엄사를 원할 테지만, 내가 의사라면 치매에 걸린 노인에게 독극물을 주사할 수 있을 것 같지 않다. 이 문제에 쉬운 해결책은 없다.

톨스토이가 소설 《이반 일리치의 죽음》에서 묘사한 것처럼 죽음은 초월적 경험이라고 주장하는 사람들도 있다. 나는 이 주장이 마음에 들지 않는다. 만약 죽음에 어떤 초월성이 있다면 그것은 죽어가는 사람이 아니라 이를 목격하는 사람들의 경험일 가능성이 크다. 물에 빠지거나 심장마비를 겪었거나 높은 곳에서 눈 덮인 나무 위로 떨어진 후에 임사체험을 한 일부 사람들이 초월적인 경험을 했다고 보고된 경우는 있다. 하지만 그렇게 또렷한 의식을 갖고 있다가 갑자기 죽음을 마주하는 것은 침대에서 천천히 죽어가는 것과는 분명 다르다.

죽음에 대한 두려움 때문인지 우리는 죽음을 현실적인 문제이자 법으로 규제할 수 있는 선택의 문제로 보지 않는다. 죽음을 제대로 마주하지 않을 뿐 아니라 죽는 방식도 선택의 여지가 없는 신의 영역이라고 생각한다.

　스스로 선택한 평화롭고 존엄한 죽음을 맞이할 수 있게 돕는 것은 보살핌과 사랑의 행위다. 조력존엄사를 반대하는 사람들은 죽음에 엄청난 고통이 따른다 해도 끝까지 그것을 감내하는 것이 인간의 의무라고 얘기한다. 하지만 누군가 의무로써 감내한 고통이 이 세상에 어떤 보상을 가져다주는지 나는 모르겠다. 조력존엄사에 반대하는 사람은 세상에 조용히 존재하는 많은 고통과 괴로움에 대한 책임을 회피하고 있다.

마음을 움직이는
의사의 대화법

방사선 치료가 끝난 후 나는 선임 외과의로 근무했던 병원의 정기 회의에 다시 참석하기 시작했다. 처음에는 매우 힘들었지만 의사로서 환자들을 치료하는 것이 아니라 후배들을 가르친다는 점에서 점점 끌렸다. 팬데믹으로 네팔과 우크라이나, 알바니아에서 하던 일을 그만두게 되면서 약간 지루해지던 참이었다. 다음 세대 외과의를 가르치는 일이 얼마나 중요한지 항상 인지하고 있었기에 다시 참석하길 잘했다는 생각이 들었다. 수술이야 실용적인 기술인 것이고 스승과 제자의 관계는 그와 다른 깊은 성취감을 준다. 의사로 일했을 때는 수술하는 것을 좋아했지만 은퇴하고 나자 수술실이 전혀 그립지 않았다. 하지만 후배를 가르치는 일은 그리웠다.

수년간 치료한 환자들을 만나는 것도 의미 있지만, 내가 맡아 훈련시킨 외과의들의 성공적인 커리어를 볼 때 더할 수 없이 뿌듯하다. 위대한 전통의 일부가 되는 것은 크나큰 영광이다. 수술이라는 것이 한 명의 의사가 독자적으로 한다고 느낄 수 있지만, 실은 앞서 걸어간 수많은 외과 의사들이 이룬 작업의 결실이다. 조약돌로 쌓은 산의 정상에 서 있을 때 운이 좋다면 나만의 조약돌을 몇 개 더 쌓을 수 있을 것이다.

오래전 선임의들, 수련의들과 함께 현재 케이스를 논의하고자 매일 아침 회의를 했었다. 환자들을 어떻게 진단하고 치료해야 하는지 논의하고 의사결정을 하는 회의였는데, 사실과 수치를 열거하는 것이 아니라 가르침과 팀워크를 중심으로 진행된다. 당직인 수련의가 환자 케이스를 발표하면 내가 다른 수련의들에게 어떻게 진단을 내릴 것인지, 적절한 치료법이 무엇일지 질문한다. 이어 의사들은 환자의 병력에 대해 얘기하는데 이것의 핵심은 스토리텔링이다. 나는 이 시간을 좋아했다.

환자의 증상이 들려주는 이야기와 건강진단을 통해 발견된 징후를 바탕으로, 환자에게 맞는 진단을 생각해내는 것은 일종의 창의적인 행위다. 이야기를 구성한 후에 우리는 스캔을 살펴보며 우리의 판단이 옳았는지 확인해본다. 나는 암에 걸린 환자로서 수련의들을 가르치고 있기 때문에 의사와 환자 사이의 거리가 얼마나 먼지, 의사가 환자에게 행사할 수 있는 권력에 묻히지 않도록 어떻게 노력해야 하는지 등을 알려주고 싶었다.

의식을 잃고 죽음을 앞둔 환자의 뇌스캔을 살펴보며 이렇게 묻는다.

"환자의 가족들에게 뭐라고 얘기하겠나?"

"예후가 좋지 않아요. 음…… 두개내압이 높고 음…… 두뇌에 변화가 보인다고 얘기할 것 같습니다." 실습생이 이렇게 대답하면 나는 보통 그의 말을 중단시킨다.

"제대로 좀 해봐! 그게 대체 무슨 말이야? 가족들은 그 말을 전혀 이해 못 한다고." 나는 이렇게 소리친다.

그리고 환자의 보호자에게 나쁜 소식을 어떻게 분명하고 간결하게 전달할 수 있는지 논의한다.

"이런 대화를 할 때는 항상 자리에 앉아야 해. 그리고 절대 지금 바쁜 것처럼 보여선 안 돼. 정말 서둘러야 하는 상황이어도 말이야. 간결하게 얘기해. 가능한 한 적게 말하는 게 좋아. 침묵을 두려워하지 말게."

이런 회의를 끌어나갈 때 필요한 기술이 있다. 내가 이런 회의를 진행하는 데 꽤 소질이 있다고 믿는다. 회의에 참석한 모든 수련의의 이름을 불러주며 모두가 질문에 대답할 수 있게 해야 한다. 하지만 요즘은 이것도 쉽지 않다. 한 과에 30명의 수련의가 있어서 모든 이름을 외우는 것도 힘든데다가 마스크를 쓰고 있어서 얼굴을 알아보기도 쉽지 않다. 특정한 사람을 지목하지 않고 질문을 던지면 보통 아무도 대답하지 않는다. 내 얘기를 듣고 있지 않다가 갑자기 지목당할지도 모른다는 두려움에 그들은 집중할 수밖에 없다. 농담을 하거나 그들의 이야기를 들어주는 것도 중요하다. 특히 내가 과거에 저지른 실수담을 들려주는 게 좋다. 선배 의사로서 해야 할 가장 중요한 일 중 하나는 내 실수를 후배들이 반복해서 저지르지 않게 돕는 것이다.

아침 회의를 다시 진행하는 데는 대가가 따랐다. 예전과 달리 나는 환자들의 케이스에 객관성을 유지하기 힘들다. 전립선암으로 진행성 마비를 앓는 노인의 케이스가 꽤 자주 등장할 것이다. 내 이름이 적힌 스캔을 보며 나의 마지막이 논의되는 임상 회의를 상상하니 끔찍할 정도의 두려움과 불안감이 밀려왔다.

나에겐 은퇴 후 삶에 대한 계획이 있었다. 런던을 떠나 케이트가 사는 옥스퍼드에서 살 생각으로, 옥스퍼드 커널에 있는 버려진 오두막집을 한 채 샀었다. 케이트의 아파트엔 내 짐들을 보관할 공간이 부족했으므로 이 오두막에 내 물건들을 둘 계획이었다. 하지만 코로나와 암이 모든 계획을 바꾸어버렸다. 자식과 손녀 모두 런던에 살고 있고 많은 사람들이 삶의 마지막을 향해 갈 때 그렇듯 나도 가족과 가까이 있고 싶었다. 아이들이 어렸을 때 나는 항상 일을 우선시하느라 아이들에게 소홀했다. 손녀들에게 같은 실수를 반복하고 싶지 않았다.

이런 심경의 변화로 우선 전 세계를 돌며 강의하는 일을 그만두어야겠다고 결심했다. 같은 이유로 옥스퍼드에 집을 갖고 있는 것이 점점 불편하게 느껴졌다. 7년 동안 수리하는 데 엄청난 노력을 쏟아부은 집이지만 깨끗이 팔기로 했고 런던에서 계속 살기로 결정했다.

이렇게 결정한 후 옥스퍼드의 오두막집에 갈 때마다 이 집을 포기한 것이 딱히 슬프지 않다는 사실에 놀랐다. 대신, 버려진 집을 수리하고 팔게 됨으로써 이 집에 새로운 생명을 불어넣었다는 깊은 만족감이 들었다. 내가 죽고 난 후에 이 집에는 다른 사람들이 살게 될 것이고, 그 사실이 이 집으로부터 얻을 수 있는 어떤 유용함보다 훨씬 더 값지게 느껴진다.

오두막집을 사자마자 가장 먼저 정원에 사과나무 여섯 그루와 호두나무 한 그루를 심었다. 수백 송이의 수선화와 튤립도 심었다. 손녀들을 위해 밝은 빨간색 그네도 설치했다. 그네 건너편에는 백조와 갈대가 아름다운 호수가 있다. 호수 근처 철로에는 왜가리가 가만히 서 있다가 나를 발견하면 날개를 펴고 천천히 날아가곤 했다.

정원에는 녹이 슨 검은 철판으로 지은 허름한 헛간이 두 개 있었는데 요즘에는 잘 볼 수 없는 옛날식이라 마음에 들었다. 나는 사람을 써서 하나를 없애고 다시 지어 올렸다. 벽에는 나무로 된 격자 구조물을 만들고 잘 자라길 바라는 마음을 담아 벽을 타고 자라는 장미를 심었다. 런던 집에 있는 작업실을 대신할 새로운 작업실이었다.

헛간에 무거운 여닫이문을 힘들여 새로 달았던 날이었다. 자전거를 타고 케이트의 아파트로 향하던 중이었는데 옥스퍼드 도심에 헬리콥터가 성난 말벌처럼 허공을 맴돌고 있었다.

"하이 스트리트에서 로즈 동상 철거 시위가 있어." 내가 돌아오자 케이트가 말했다.

19세기 초 영국의 제국주의자이자 인종차별주의자였던 세실 로즈는 자신의 모교인 옥스퍼드대학교에 큰돈을 기부했다. 하이 스트리트에 있는 옥스퍼드의 건물 중 하나에 로즈의 동상이 있던 모양인데 지금까지 나는 거기에 동상이 있는지도 몰랐다.

"동상을 공격하는 건 어리석은 일이야." 내가 말했다.

우리는 이 문제로 한동안 말다툼을 벌였다. 케이트는 노예 소유주이자 인종차별주의자에 맞서기 위한 행동을 취하는 것에 전적으로 찬성했다. 나는 그것이 의미 없는 파멸에 이르는 길이라고 대답했다. 동상을 없앤다고 해서 과거를 없던 일로 할 수 없다. 과연 어디서 선을 그어야 할까? 케이트는 어느 지점에서는 반드시 선을 그어야 하며 어디에 그을지에 대한 논의가 필요하다고 했다.

그 말에 다소 화가 났다. 케이트와 나는 거의 다투지 않는다. 우리가 다툴 때를 돌이켜보면 거의 매번 그녀의 말이 맞다. 그 사실이 매우 짜증 날 때가 있다.

암을 진단받은 이후로 밤에 잠이 드는 게 힘들어졌다. 이것이 호르몬 치료의 영향인지 아니면 치명적인 병에 따라오는 불행과 초조함 때문인지 모르겠다. 어쩌면 단지 노화 때문에 잠이 오지 않는 것일지도 모른다. 잠에 쉽게 드는 날에도 한밤중에 꼭 한 시간 정도 깨어 있다. 이제는 이런 상태를 받아들이고 이 시간에 손녀들에게 들려줄 동화를 구상한다. 그러면 보통 다시 잠이 든다. 베드타임 스토리를 내가 나 자신에게 해 주는 것 같은 효과다. 케이트와 다툰 후 나는 끔찍한 악몽을 꾸다가 한밤중에 깼다. 꿈에서 나는 어렸을 때 우리 가족이 살던 런던 집에 있었다.

우리 가족이 이사했던 1960년대에 클래펌은 런던에서 매우 인기 없는 지역이었다. 그랬기 때문에 아버지가 그 집을 살수 있었지만. 그 집은 세를 놓기 위해 여러 개의 단칸방으로 개조되어 있었기 때문에 들어가 살기 전에 화장실 여섯 개를 뜯어내야 했다.

지하실이 있는 3층짜리 매우 아름다운 집이었는데, 천장이 높은 방과 클래펌 커먼이 내려다보이는 내리닫이창이 있었다. 모든 방은 목재로 만들어졌고 바닥에는 너른 마룻장이 깔려 있었으며 방마다 고급 무쇠로 만든 벽난로가 있었다. 계단은 참나무로 만들어졌고 나선식 난간이 있었다. 그 커다란 집을 팔고 치매에 걸린 아버지를 내 집 근처 아파트로 이사시킨지 20년이 지난 지금도 나는 머릿속으로 각 방을 거닐며 구석구석 생생하게 떠올릴 수 있다. 특정한 마룻장을 밟을 때마다나는 삐걱거리는 소리, 계단 난간에 새겨진 조각을 만질 때 느껴지는 손끝의 느낌, 아버지 서재에 있는 책에서 나는 냄새 모두 생생하다.

꿈속에서 나는 꼭대기 층에 있는 내 방에 있었다. 벽난로에불을 붙였는데 갑자기 불길이 퍼지더니 집 전체가 불길에 휩싸였다. 마룻바닥 틈새로 아래를 내려다보니 걷잡을 수 없이 불이 퍼지고 있었다. 마그마가 부글거리는 화산을 보는 것 같았다. 필사적으로 작은 병에 담긴 물을 부어보았지만 불길은 점점 거세졌다. 나는 악몽을 잘 꾸지 않지만, 가끔 악몽을 꿀 때면 보통 내가 꿈을 꾸고 있다는 사실을 알고 꿈속의 내가 나 자신을 잠에서 깨운다. 잠에서 깼지만 꿈에서 느낀 불안감은 아침이 되어서도 사라지지 않았다.

그 꿈은 핍박받은 사람들에 대한 부유한 특권층의 죄책감에서 비롯된 깊은 두려움을 표현하는 것 같았다. 의식적으로 나는 케이트의 주장을 받아들이길 거부했지만, 잠이 든 무의식 상태의 나는 케이트의 주장에 동의하고 이것이 꿈으로 표출된 것 같았다. 꿈에 대해 생각하다가 이 문제에 대한 나의 생각과 감정이 완전히 바뀌었다는 것을 깨달았다.

어린 시절, 노예무역에 대해 배웠을 때 이것이 프랑스와의 전쟁과 산업혁명에 필요한 자금을 공급하는 데 중요한 역할을 했다고 들었다. 그리고 아주 오래전에 일어난 일이라 현대 사회와는 관련 없는 사건으로 생각했다. 하지만 당시 노예였던 사람들의 후손과 피지배 민족의 후손의 입장에서 생각해 보니 이 상황이 매우 다르게 다가왔다. 노예제 지지와 인종 차별의 죄를 인정하는 어떤 조치도 없는 상태에서 내 조상을 억압한 자의 동상을 왜 올려다봐야 하는가? 영국의 역사에 자부심을 느낀다면 과거를 부끄러워하지 말아야 하는 것인가?

　　폴란드 국경에서 추위와 싸우고 전쟁과 내전으로 폐허가
된 나라에서 탈출한 절박한 우크라이나 이민자들이 떠올랐
다. 그 전쟁과 내전에서 사용되는 무기는 거의 대부분 선진국
에서 생산된 것이고 그 전쟁은 이른바 우리 문명에 필요한 광
물 자원 때문에 일어나는 것이다. 자부심을 가질 만한 일들이
점점 줄어들고 있음을 깨달았다. 기후 변화로 인한 피해가 발
생하고 해수면이 상승하면서 이보다 더 한 변화가 다가올 것
이다. 내 손녀들은 내가 살던 세상과는 완전히 다른 세상에서
살게 될 것이다.

과거, 현재, 미래는
함께 존재한다

코로나로 인한 락다운으로 줌과 페이스타임이 만남의 빈자리를 메웠다. 나도 아이폰으로 손녀들에게 동화를 들려주었다. 2년 동안 거의 매일 저녁 페이스타임을 했는데 앞으로도 계속 이어 나갈 예정이다. 동화를 들려주는 동시에 다음 이야기를 꾸며내야 할 때도 있다.

이야기를 시작하는 것은 수월하다. 내 이야기의 주인공은 올레샤라는 소녀다. 힘든 시기를 겪고 있는 우크라이나에 대한 나의 사랑을 담아 올레샤라는 우크라이나 이름을 지었다. 올레샤의 침실에는 보름달이 뜰 때 밤 12시에만 열리는 마법의 문이 있고 그 문을 통해 요정의 나라에 갈 수 있다. 요정의 나라에는 홍수를 일으켜 요정의 성을 위험에 빠뜨리는 사악한 비의 마녀가 등장한다. 올레샤는 마녀와 맞서기 위한 모험을 떠난다. 모험을 떠나는 과정에서 많은 친구와 동물을 만난다. 올레샤는 빨간 용인 라주벨과 함께 마녀를 무찌른다.

동화는 현재로부터의 도피처가 되어야 할까? 아니면 미래에 대한 대비가 되어야 할까? 동화는 놀이의 한 형태이며 아이들과 어린 동물은 성장하고 발달하기 위해 놀이가 필요하다. 놀이 없이는 뇌가 발달할 수 없다.

신경과학에 따르면, 현실은 생존과 번식을 위해 인식해야 했던 외부 세계에 대해 뇌가 구축한 개념이라고 한다. 우리는 세상의 모형, 일종의 이야기 속에서 산다. 꿈속 서사의 강렬한 느낌은 비록 그것이 무의미하다 해도 어떤 이야기를 만듦으로써 세상을 이해하는 것이 인간에게 중요한 부분이라는 사실을 의미한다. 동화는 현실에서 일어나지 않는 일을 이야기하는 것이므로 주로 이렇게 끝난다. '그리고 그들은 오래오래 행복하게 살았다.'

암을 진단받은 후로 1년이 흘렀다. 완치는 할 수 없지만 치료는 받을 수 있는 환자군에 속하게 되었는데 그런 환자들의 삶은 의사들에 의해 좌우된다. 무기력함을 느끼며 스캔 결과와 피검사 결과에 따라 마음이 요동친다. 하지만 내 나이를 고려할 때 크게 달라진 것은 없다. 암에 걸리지 않았어도 나는 삶의 마지막을 향해 가고 있다.

죽음에 가까워지고 있다는 사실을 받아들이기는 쉽지 않다. 나는 암으로 죽거나 암이 완치된다 해도 아마 치매로 죽게 될 것이다. 두 가지 가능성 중에서는 암으로 죽는 편이 더 낫다. 암으로 죽어야 한다면, 그리고 죽는 과정이 고통스러울 거라면 그때쯤엔 조력존엄사가 합법화되어 언제, 어디서, 어떻게 죽을지 선택할 수 있게 되길 바란다.

밤 9시, 날이 어두워지고 별이 뜨자 나는 바퀴가 네 개 달린 작고 낡은 손수레를 끌고 뱃길을 따라 걸었다. 손수레에 담요와 쿠션을 싣고 가다가 딸네 가족을 만났다. 손녀들은 행복한 얼굴로 손수레에 올라타더니 담요 안으로 들어갔다. 우리는 함께 뱃길을 따라 오두막집으로 돌아왔다. 아이들이 왔을 때 춥지 않도록 난로에는 미리 장작을 태워놓았고 깨끗하게 세탁하고 다림질된 침대 시트 속에는 따뜻한 물병을 넣어두었다. 첫째 손녀인 아이리스는 거미 공포증이 있어서 나는 오후 내내 오두막집에 거미줄을 치우는 데 애를 썼다.

돌아오는 길에 손녀들은 가끔씩 머리 위로 날아다니는 박쥐를 보며 흥분한 듯이 소리치더니 하늘에 떠 있는 별을 손으로 가리켰다. 아이들은 나보다 훨씬 선명하게 별을 볼 수 있을 것이다. 우리는 뱃길 옆에 정박해 있는 배들을 지났는데 창문에 불이 켜진 곳도 있어서 안에 있는 사람들이 어슴푸레 보였다. 운하 위로 옅은 안개가 껴 있었다.

어릴 적 어머니는 당신이 가장 선명하게 기억하는 어린 시절의 추억을 들려주었다. 1920년대 초 독일의 시골에서 별이 가득한 어느 가을밤, 어머니는 털 코트를 입고 손수레에 타고 있었다고 했다. 증조부모님 집에서 며칠을 보낸 후, 베를린의 남서쪽 작은 마을인 비에르 근처에 있는 기차역으로 가는 길이었다. 증조할아버지는 동네 의사였는데, 어머니는 가끔 병원에서 할아버지를 볼 때마다 그 모습에 매료되었던 이야기도 들려주었다. 환자의 겨드랑이에 빈 병을 끼워 넣고 팔을 잡아당겨 탈구된 어깨를 고쳐주거나 큰 낫에 베인 농장일꾼의 동맥에서 멈추지 않는 피를 멎게 해주는 등 어쩌면 내가 의사가 되기로 결정한 데는 이런 이야기들이 영향을 미쳤을지도 모른다. 어머니는 내 선택에 매우 기뻐하셨다.

나는 어머니가 11살이던 1929년 마그데부르크에서 이모와 삼촌과 함께 찍은 사진을 부엌 벽에 걸어놓았다. 아름다운 사진이다. 어머니의 어린 시절 사진을 매일 바라본다.

사진 속 어머니와 이모, 삼촌은 카메라를 똑바로 쳐다보고 있어서 흑백사진이지만 그들의 호기심 어린 눈빛이 나에게까지 전해진다. 어머니와 이모 자비네는 깔끔한 흰색 블라우스를 입고, 삼촌 한스 마르카트는 세일러복을 입고 있다. 이때는 조부모님이 거의 전 재산을 잃게 된 지 6년이 지난 후였다. 대공황이 시작되고 나치가 힘을 얻고 있었던, 앞으로 미래가 어떻게 펼쳐질지 전혀 상상할 수 없던 시절이다. 자비네 이모는 열광적인 나치가 되었고 한스 삼촌은 독일 공군의 전투기 조종사가 되었으며 어머니는 게슈타포를 비난한 탓으로 반체제 인사가 되어 1939년 영국으로 피난을 떠났다. 자비네 이모는 1945년 예나에서 영국 공습 때 사망했고 한스 삼촌은 1940년대에 켄트에서 격추당했다. 이후 전쟁포로가 되어 살아남았지만 평생 독신으로 살다가 1967년 알코올중독으로 세상을 떠났다.

어머니는 몇 년에 걸쳐 회고록을 썼고 형과 누나가 글을 다듬은 후 어머니가 돌아가신 후에 개인적으로 출판하기도 했다. 어머니는 회고록을 영어로 쓰셨다. 최근에 어머니의 글을 다시 읽었다. 창피한 얘기지만 한 번도 제대로 읽어본 적이 없었다. 회고록에는 어머니의 가족과 과거, 문화, 어린 시절에 대한 상실감이 묘사되어 있었다. 나치와 전쟁은 어머니에게서 모든 것을 앗아갔다. 어머니의 가족은 서로 가깝고 다정했지만, 집안에서 절대 소란을 피워선 안 된다는 매우 엄격한 규칙이 있었다고 한다. 비록 나에게는 실패했지만 우리 집에서도 어머니가 적용했던 규칙이기도 하다. 어머니는 글을 쓸 때도 이런 태도를 잃지 않았다. 과거가 말살되는 격노를 느끼는 순간의 심정도 절제되고 차분한 어조로 묘사하고 있다.

그 책을 읽으며 어머니와 다시 대화를 나누고 싶은 마음이 간절했다. 의사로서 거둔 성공을 알려주고 싶어서가 아니다. 어머니가 살아 계실 때는 내 일과 삶에만 정신이 팔려 어머니에게 제대로 된 관심을 가진 적 없다는 사실이 깊은 슬픔으로 다가왔다. 책에서 어머니는 게슈타포의 심문을 받았을 때 자신이 어떻게 고백교회(나치에 반대한 독일의 교회 단체)의 일원임을 부인했는지 설명했다. 어머니는 혹시 몰라 회원증을 찢어버렸다고 한다. 하지만 곧 자신이 밀고한 동료들에 대한 죄책감에 시달렸고 두 동료는 재판을 받고 감옥에 수감되었다. 어머니가 그 재판에서 증인으로 섰어야 하지만 재판 전에 영국으로 도피할 수 있었다. 생존자로서 죄책감에 얼마나 괴로웠을지 나는 한 번도 생각해본 적이 없다. 어머니와 이에 대해 대화도 나눠본 적 없었다.

도대체 왜 나이를 먹고 죽음에 가까워져서야 나 자신과 과거에 대해 더 잘 이해하게 되는 걸까? 자식은 부모가 바다에 띄운 작은 배와 같다. 세계를 항해하다가 마침내 처음 출발했던 항구로 돌아오지만 그때는 이미 부모가 세상을 떠난 후다.

어머니는 조부모님을 특히 사랑했는데 특히 조부모님이 가꾼 정원을 좋아했다. 그곳을 파라다이스라고 묘사했다. 그로부터 70년이 지나고 어머니가 유방암으로 세상을 떠나기 직전 나와 동생은 어머니를 모시고 어머니의 고향인 마그데부르크와 비에르를 방문했다. 마그데부르크는 1945년 1월 16일 단 한 번의 공습으로 대부분 파괴되었던 곳이다. 어머니가 살던 집의 흔적이나 거리조차 찾아볼 수 없었다. 우리는 차를 몰고 75년 전 어머니가 손수레를 타고 지나갔던 비에르로 향했다. 어머니는 석탄재를 깔아 만든 작은 길을 가리키며 어린 시절과 거의 변한 게 없다고 얘기했다. 비록 정원은 방치되어 풀이 무성하게 자라 있었지만 증조부모님이 살던 집은 그대로 있었다. 증조할아버지, 증조할머니는 마을의 교회 묘지에 묻혔지만, 독일 법에 따라 묘지는 일정 기간이 지나면 없애버리기 때문에 안타깝게도 우리가 보러 갔을 때는 묘비가 사라지고 없었다.

암을 진단받고 처음 몇 주 동안 식탁에 앉아 어머니 사진을 바라보곤 했다. 물리학자들은 과거와 현재, 미래가 동등하게 실재한다는 블록 타임에 대해 얘기한다. 지금 이 순간 내가 있는 곳이 이 행성의 수많은 장소 중 한 곳인 것처럼 현재는 한 장소이고, 과거와 미래도 그저 다른 장소일 뿐이다. 죽음에 가까워진 지금, 사진 속 어린 어머니의 눈을 바라보고 있으니 과거와 현재, 미래가 하나로 결합된 블록 타임에 살고 있음을 더 강하게 느낄 수 있었다.

에필로그

방사선 치료가 끝나고 6개월 후 PSA 수치를 다시 측정했다. 그사이 암세포가 자랄 일은 없겠지만, 피검사 결과를 기다리는 몇 주 동안 너무 불안해서 다른 것을 생각할 여력이 없었다. 오전 11시에 연락이 온다고 들었지만 결국 전화벨이 울릴 때까지 2시간을 더 기다려야 했다. PSA 수치가 0,1로 떨어졌다고 했다. 이것이 내가 받을 수 있는 가장 낮은 수치다. 아쉽게도 가족과 친구들이 바라는 것처럼 내가 완치되었다는 의미는 아니다. 예전에 무척 높았던 PSA 수치가 5년 안에 재발할 확률도 75퍼센트다. 하지만 그때는 항암치료를 받을 수 있으므로 확신할 수는 없지만 몇 년은 더 살 수 있을 것이다. 이런 불확실성이 나를 불안하게 만든다. 그럴 때면 이렇게 자문한다.

'도대체 뭘 원하는 거야? 늙고 노쇠해서 영원히 사는 것?'

그리고 죽음의 필연성을 받아들이지 못하는 나 자신을 보고 다시 한 번 놀란다.

전화를 받고 크게 안도했고 내 삶이 암을 진단받기 전으로 돌아갈 수 있다는 헛된 희망에 가득 차 있었다. 1년 동안 의료적 거세로 인한 부작용으로 꽤 힘든 시기를 보냈다. 주로 감당하기 힘든 피로와 근육약화 증상이었다. 이는 불안감 때문이었으며 이제 나아질 것이라고 나 자신에게 얘기했다. 6개월 후 다시 PSA 검사를 하기 전까지는 암이 재발할까 봐 걱정하지 않아도 된다. 한동안은 걱정에서 자유로울 것이다.

하지만 10일 후에 푸틴이 우크라이나를 침공하면서 안도감은 그렇게 오래 가지 않았다. 나는 다시 불안과 걱정에 휩싸였지만 암에 대한 생각은 완전히 잊혔다.

30년 전 처음 우크라이나를 방문했을 때 소련 사회의 축소판 같던 의료계와 마주했다. 어떤 이의도 용납하지 않는 권위주의적인 교수들이 병원을 이끌고 있었다. 그곳에서 의료 기술만 전달하는 것이 아니라 정치적인 역할도 해야 한다고 여겼기에 젊은 의사들이 획일적인 체계에 대항하도록 도왔다.

돌이켜보면 나는 순진했고 내가 목격한 많은 일을 오해하고 있었고 우크라이나 의료계에 그렇게 큰 기여를 한 것도 아니었다. 그러나 그곳에서 아주 좋은 친구들을 많이 사귀었고 그렇게 우크라이나는 나에게 제2의 고향이 되었다. 우크라이나는 1991년에 독립한 이후로 러시아의 지배를 받던 과거에서 벗어나기 위해 고군분투하고 있다. 지금 우크라이나가 누리는 자유가 러시아로 전파된다면 푸틴의 독재적인 도둑정치에 치명적인 위협이 될 것이다. 아쉽지만 푸틴은 그런 일이 일어나게 내버려두지 않을 것이다. 대량 학살과 잔혹 행위를 불사르면서까지 자신의 권력을 지키려 할 것이다.

이 글을 쓰고 있는 2022년 봄, 우크라이나에서 수천 명이 사망하고 수백만 명의 난민이 발생했다. 이 나라가 황폐해지고 있다는 사실 외에는 우크라이나의 미래가 어떻게 될지 알 수 없는 상황이다. 하지만 우크라이나인들은 최후의 날까지 싸울 것이다. 나는 그럴 것이라는 걸 안다. 그들은 다른 대안은 생각하지 않는다.

매일 리비우와 키이우에 있는 친구들에게 전화를 건다. 가끔 전화기 너머로 공습경보 사이렌이 들릴 때도 있다. 전쟁이 어떤 방향으로 흘러가는지는 미디어를 통해서 이미 알고 있기 때문인지 우리는 역설적이게도 푸틴이 저지른 전쟁 범죄와 함께 일상적인 날씨에 대한 대화를 나눈다. 친구들의 삶과 내 삶 사이에 극명한 차이가 생겼다는 것을 받아들이기 힘들지만, 그들이 내 목소리를 들으면서 평화롭고 안락한 세상이 여전히 존재하고 전 세계 사람들이 그들의 운명을 걱정한다는 사실을 느끼길 바랐다.

어머니의 삶이 그랬던 것처럼 친구들의 삶도 완전히 바뀔 것이다. 살아 있는 동안 이런 공포스러운 역사가 반복될 줄은 상상도 못 했다. 우크라이나를, 그곳의 내 친구들을 다시 볼 수 있는 날이 올지 모르겠다. 낙관적인 마음을 잃지 않아야 한다. 그렇지 않고 포기한다면 악이 승리를 거둘 것이기 때문이다. 나는 우크라이나에 다시 갈 것이다.

추천의 글

헨리 마시의 《죽음에도 지혜가 필요하다》는 다가온 죽음 앞에서 삶에 다가가는 책이다. 저자는 환자가 되고 난 다음에야 '인간다움'에 대해 헤아리기 시작한다. 건강과 질병/노화, 의사와 환자, 수술한다는 것과 수술받는다는 것 등 반대편의 세계로 넘어와서야 시선은 바뀌고 이해는 시작된다. "사랑과 화해의 강렬한 감정"은 예전 환자들과의 관계를 돌아보는 과정에서 비롯되었지만, 그 감정은 자기 삶과 자신을 둘러싼 사람들을 기억하고 보듬는 쪽으로 나아간다. 그의 아내 케이트의 말처럼 "환자가 되는 것은 본질적으로 무력하고 굴욕적인 경험"이지만, 저자는 존엄을 잃지 않기 위해 낙관적인 태도를 꺾지 않는다. 몸을 살피기 위해 떠난 배가 생애의 파도를 넘고 넘어 마침내 희망이라는 항구에 도착하는 씩씩한 책이다.

— **오은** 시인

인간이라면 언젠가 죽는다는 사실은 피할 수 없는 운명이다. 하루하루 우리는 죽음을 향해 가까이 가며 점점 늙어간다. 하지만 인간은 자신이 반드시 죽는다는 것을 인식하고 있지만 믿지는 않는다. 왜냐하면 죽음이란 나 자신과 무관한 타인에게만 해당하는 문제라고 생각하기 때문이다. 그래서 우리는 언제나 영원히 살 것처럼 먹고 마시고 일한다. 하지만 죽음이 우리 코앞에 그림자처럼 드리워져 있다. 이 책은 인생의 막바지에 암에 걸려 이제는 신경외과 의사가 아닌 환자로서 삶과 죽음의 의미에 관해 이야기하고 있다. 우리는 어떤 자세로 죽음을 받아들여야 하는가? 왜 우리는 죽음을 통해 삶을 바라봐야만 하는가? 이런 질문들에 관해 저자는 죽음에 다가갈수록 우리는 영원한 삶이 아닌, '지금 이 순간'에 충실하라고 말한다. 이 책을 읽은 독자들은 이제 죽음이란 단순히 삶의 의미를 부정하는 것이 아니라, 삶의 의미를 다시 한번 진지하게 생각해보는 시간이란 것을 깨닫게 될 것이다. 죽음을 앞둔 사람은 홀로 그 두려움을 맞이해야 하는 실존적 비애라는 상태에 놓인다. 하지만 삶이 변화하는 유일한 순간이 있다면, 바로 잠들었던 자신의 영혼이 감옥이라는 몸에서 벗어나 천천히 눈을 뜰 때가 아닐까.

— **장재형** 세렌디피티 인문학 연구소 대표, 《마흔에 읽는 니체》 저자

옮긴이 **이현주**

펜실베니아 주립대 신문방송학과를 졸업하고 광고 대행사를 거쳐, 글밥아카데미 영어 출판 번역
과정을 수료했다. 현재는 바른번역 소속 전문 번역가로 활동 중이다. 역서로는《다정함의 과학》
《생각이 많아 우울한 걸까, 우울해서 생각이 많은 걸까》《건강한 건물》《삶을 향한 완벽한 몰입》
등이 있다.

죽음에도 지혜가 필요하다

초판 1쇄 발행 · 2023년 9월 13일

지은이 · 헨리 마시
발행인 · 이종원
발행처 · (주)도서출판 길벗
브랜드 · 더퀘스트
출판사 등록일 · 1990년 12월 24일
주소 · 서울시 마포구 월드컵로10길 56(서교동)
대표 전화 · 02)332-0931 | 팩스 · 02)323-0586
홈페이지 · www.gilbut.co.kr | 이메일 · gilbut@gilbut.co.kr

기획 및 책임편집 · 허윤정(rosebud@gilbut.co.kr) | 제작 · 이준호, 손일순, 이진혁
마케팅 · 한준희, 김선영, 이지현 | 영업관리 · 김명자, 심선숙 | 독자지원 · 윤정아, 전희수

디자인 · 어나더페이퍼 | CTP 출력 및 인쇄 · 예림인쇄 | 제본 · 예림바인딩

ISBN 979-11-407-0588-7 03180
(길벗 도서번호 040234)

정가 17,500원

독자의 1초까지 아껴주는 정성 길벗출판사

(주)도서출판 길벗 | IT실용, IT/일반 수험서, 경제경영, 인문교양(더퀘스트), 취미실용, 자녀교육 www.gilbut.co.kr
길벗이지톡 | 어학단행본, 어학수험서 www.gilbut.co.kr
길벗스쿨 | 국어학습, 수학학습, 어린이교양, 주니어 어학학습, 교과서 www.gilbutschool.co.kr

페이스북 www.facebook.com/thequestzigy
네이버 포스트 post.naver.com/thequestbook